EU
VEJO

APRENDENDO A
ENXERGAR COM
A PERSPECTIVA
CELESTIAL

EU
VEJO

APRENDENDO A
ENXERGAR COM
A PERSPECTIVA
CELESTIAL

FRED
ARRAIS

quatro ventos

Todos os direitos deste livro são reservados pela Editora Quatro Ventos.

Editora Quatro Ventos
Rua Liberato Carvalho Leite, 86
(11) 3230-2378
(11) 3746-9700

Proibida a reprodução por quaisquer meios, salvo em breves citações, com indicação da fonte.

Todas as citações bíblicas e de terceiros foram adaptadas segundo o Acordo Ortográfico da Língua Portuguesa, assinado em 1990, em vigor desde janeiro de 2009.

Diretor executivo: Renan Menezes
Editora responsável: Sarah Lucchini
Equipe Editorial:
Lucas Benedito
Paula de Luna
Gabriela Vicente
Revisão: Eliane Viza B. Barreto
Diagramação: Vivian de Luna
Capa: Vinícius Lira

Todo o conteúdo aqui publicado é de inteira responsabilidade do autor.

Todas as citações bíblicas foram extraídas da Nova Versão Internacional, salvo indicação em contrário.

Citações extraídas do *site* https://www.bibliaonline.com.br/nvi Acesso em junho de 2020.

1ª Edição: Agosto 2020

Ficha catalográfica elaborada por Geyse Maria Almeida Costa de Carvalho – CRB 11/973

A773e Arrais, Fred

Eu vejo / Fred Arrais. – São Paulo: Quatro ventos, 2020.
196 p.

ISBN: 978-65-86261-52-3

1. Deus. 2. Religião pessoal. 3. Desenvolvimento espiritual. I. Título.

CDD 248
CDU 27-1

SUMÁRIO

Introdução 15

1 Amigos do avivamento 23

2 À maneira de Deus 39

3 Tomando pela mão 53

4 Levando para fora 61

5 Ofensa, humilhação e dor 71

6 Esperança no deserto 79

7 Vencendo a dor e profetizando o futuro .. 99

8 Consequências do processo 121

9 Marcas do amadurecimento 137

10 Andando de olhos abertos 151

11 Conservando as lições do deserto 167

12 Testemunho de vida 181

DEDICATÓRIA

Dedico este livro aos improváveis, hiperativos e sonhadores. Aos que ouviram muitos "nãos" e, mesmo assim, não se conformaram em viver sem deixar uma marca positiva e mudar o mundo, ou pelo menos uma parte dele.

Dedico cada capítulo aos que nasceram em cidades, bairros ou famílias pobres, mas se deixaram guiar por princípios prósperos. Aos que decidiram não ser vítimas nem se entregar à derrota ou às dificuldades.

Por fim, dedico esta obra aos que escolheram viver de forma missionária, oferecendo-se para Deus e, mesmo diante de tantos desafios, permanecem sonhando em ver o Reino de Deus estabelecido na Terra. Foi em vocês que pensei ao escrever este livro.

AGRADECIMENTOS

Devo muito à Flavia, à Victoria e ao Samuel a minha gratidão por todos os fins de semana que passamos longe em prol das viagens que fiz para levar a mensagem de Cristo. Também por todos os "nãos" que juntos recebemos e, ainda assim, juntos permanecemos.

Todas as lágrimas que vocês enxugaram e os sorrisos que provocaram em mim geraram o conteúdo deste livro. Minha família, meu lugar seguro, meu lar é onde, neste planeta, vocês estiverem. Eu vejo, porque nós vemos. Vejo, porque vocês veem algo em mim e permanecem crendo que, juntos, podemos construir o Reino de Deus na Terra.

Obrigado aos meus pais, Joaquim e Rose, pelos anos investidos em minha vida.

Obrigado à Igreja Angelim Teresina, que se tornou minha casa e lugar de missão.

Obrigado a você, leitor, por investir seu tempo lendo este material!

PREFÁCIO

No final século 19, um pastor metodista e sua esposa, inspirados por um chamado, começaram a atender alcoólatras, viciados e prostitutas de bairros da antiga Londres, usando o lema "Os três 'S': sopa, sabão e salvação". Alguns membros da sociedade londrina e até alguns "irmãos cristãos" os criticavam, dizendo serem casos perdidos, e chamavam tal movimento de "Exército de Esqueletos", devido ao corpo frágil dos alcançados. Os seguidores do pastor e de sua esposa também eram agredidos fisicamente por donos de tabernas e bares que estavam perdendo sua clientela.

Mesmo incompreendido, perseguido e, por vezes, agredido, o casal de pastores continuaram inspirados a encarar o desafio divino em seus corações. Seus nomes eras William Booth, e sua esposa, Catherine. E o seu agrupamento foi chamado de "Exército da Salvação".

A partir do século 20, o Exército da Salvação expandiu-se por diversos países do mundo. Hoje, atua em 126 nações por meio de igrejas, abrigos, centros comunitários, hospitais, escolas, asilos, entre outros.[1] Tudo porque, um dia, um pastor e sua esposa resolveram aceitar os desafios e os processos do Senhor em suas vidas e através delas. Seu legado influenciou milhares de pessoas no mundo inteiro ao longo dos anos.

Como foi com Booth, estou convencido de que todo cristão precisa viver de forma diferenciada em seu tempo de peregrinação na Terra. Não apenas baseado em costumes ou princípios, mas também em influência e inspiração. Não é para menos que o Mestre Jesus, no Evangelho de Mateus, capítulo 5, ilustra a vida cristã usando duas substâncias: sal e luz.

O sal serve para salgar, produzir sabor e ainda tem o poder de impedir a decomposição ou que os alimentos apodreçam. Já a luz ilumina, dissipa as trevas, mostra caminhos. Todos os cristãos devem fundamentalmente ter as propriedades do sal e da luz em suas vidas, sob pena de serem jogados fora e pisados pelos homens. Portanto, a salvação não pode jamais ser encarada como o final da carreira cristã, até porque ela é um ato exclusivo de Cristo Jesus.

A salvação não é o final da carreira, mas sim o início! Ser salvo por Ele é o começo do processo. É o primeiro passo de uma trajetória vitoriosa. E esse caminhar cristão é feito através da superação de obstáculos e

---

[1] **Transforming lives since 1865**: The story of The Salvation Army so far. Publicado por The Salvation Army International. Disponível em *https://story.salvationarmy.org/*. Acesso em maio de 2020.

de crescimento. Como ensinou o evangelista escocês Oswald Chambers: "Deus não nos dá uma vida vitoriosa – Ele nos dá vida enquanto vencemos os desafios".[2] Ou seja, processos: Deus é um Deus de processos.

Prepare-se para ter seus olhos espirituais – sua visão – abertos pelo Senhor! Mas não apenas isso: esteja pronto para, como o cego da passagem bíblica de Marcos 8, sair definitivamente de sua "Betsaida" e para lá nunca mais voltar.

Betsaida era uma cidadezinha de pescadores perto de Cafarnaum, criticada pelo próprio Senhor devido à incredulidade de seus habitantes. Quando Jesus encontrou o cego, Ele o tirou daquele local, deu-lhe uma visão e uma ordem: "Não volte para lá!". Ao terminar essa leitura, você não voltará mais para a região da incredulidade e da conformidade. Será um inconformado!

Entretanto, faço um alerta: este livro não é para você que gosta do conforto, de ser acomodado e acovardado. Da mesma forma que o autor sempre teve coragem de viver novos desafios, o leitor também será incentivado a viver desafios naturais e sobrenaturais, será motivado a usar as ferramentas registradas nestas páginas para, então, vencer todos os seus obstáculos. Em suas mãos, encontra-se mais do que uma obra

---

[2] CHAMBERS, Oswald. **Tudo para Ele**. Curitiba: Publicações Pão Diário, 2016.

motivacional, aqui você achará um manual de como ser um cristão acima da média.

FÁBIO SOUSA
Bispo da Igreja Fonte da Vida
e ex-deputado federal

INTRODUÇÃO

Todos os dias, somos bombardeados por diversas ideologias e filosofias que, guardadas as devidas proporções, sempre apontam para um mesmo objetivo: a "vida perfeita". Ter um bom carro, comprar um belo apartamento, fazer a faculdade dos sonhos, casar-se em um castelo e juntar dinheiro a ponto de não precisar trabalhar mais são alguns dos alvos em que muitas pessoas gastam toda a sua existência perseguindo. Por outro lado, quando questionados, muitos não sabem o motivo de estarem atrás dessas coisas, como se vivessem hipnotizados – ou melhor, cegos.

Veja bem, não há nenhum problema em buscar conforto e querer desfrutar de riquezas, porém, nesse anseio, existe uma grande armadilha caso não estejamos com os olhos bem abertos. Refiro-me, principalmente, à capacidade de identificar os propósitos por traz desses objetivos, e como eles podem prejudicar ou edificar nossa vida material e espiritual. Com o tempo, o belo sonho de dar melhores condições às nossas famílias, por exemplo, ou sair da pobreza, pode cair no esquecimento, e nosso único propósito pode se tornar o acúmulo de bens e a manutenção de nosso *status*.

Se não estivermos atentos a isso, corremos o risco de entrar em um círculo vicioso, querendo, cada vez mais, satisfazer nossas vontades sem uma motivação justificável. A insistência nessa prática leva a maioria das pessoas a um tipo de cegueira, retirando sua visão daquilo que mais importa e direcionando-a a um comportamento movido por impulsos.

Falando especificamente sobre a realidade brasileira, uma nação com desigualdades tão aparentes, é fácil perceber como essa busca é tão comum. A despeito dos grandes exemplos de pessoas criativas que prosperaram em meio às situações desfavoráveis, vemos, também, uma massa de pessoas que desistiram no caminho ou sucumbiram diante da frustração e da cobiça. As diversas decepções por não alcançar aquilo que se considera "bom" ou, ainda, a comparação com concorrentes que "se deram bem" colocaram na cabeça de muitos cidadãos uma mentalidade fechada, negativa, incapaz de enxergar possibilidades de mudança ou de melhora para o futuro.

As consequências dessa visão prejudicada podem ser sentidas em vários aspectos. Infelizmente, a espiritualidade não escapa dessa influência. Apesar do grande número de cristãos espalhados por todo o nosso território e o protagonismo que o nosso país ganhou nos últimos anos como catalisador de um novo mover sobrenatural, alguns problemas persistem. Quando o assunto é cegueira, algumas igrejas não escapam à regra, levando a cenários terríveis de alienação e doutrinas contrárias às Escrituras. Talvez, por causa do discurso impositivo de muitos líderes religiosos, vários fiéis, por falta de entendimento, não têm sua visão expandida, e, assim, continuam insistindo nos mesmos erros.

Possivelmente, a solução para esse dilema comportamental e espiritual esteja em um olhar mais profundo e verdadeiro sobre o que está constantemente em nossos lábios: a liberdade que está no Evangelho e o poder do sangue de Jesus. Em todo o tempo de Seu ministério terreno, o Mestre sempre nos incentivou a abandonarmos a mentalidade pecaminosa e abrirmos os olhos para o amor e o cuidado do Pai. Quando o homem toma essa decisão, ele é aceito como um filho de Deus e tem a chance de descobrir o seu propósito na Terra. Ao revelar essa mensagem, Cristo sabia do quanto o Senhor se preocupa com cada um de nós e deseja que sejamos parte do Seu plano de redenção para a humanidade.

Lamentavelmente, muitos irmãos ignoram essas palavras – por terem, quem sabe, passado tanto tempo imersos nessa realidade terrível, sem conseguir abrir os olhos para a oportunidade que lhes foi dada. Assim como essas pessoas, eu também enfrentei as dificuldades de uma origem humilde em minha trajetória, tendo, como consequência, a cegueira em várias áreas da minha vida. Mesmo crescendo na igreja, por vários momentos, observando o meu contexto e o lugar onde

Deus havia me colocado, parecia não haver relação entre as promessas d'Ele e aquilo que os meus olhos contemplavam.

No entanto, graças às diversas situações que me obrigaram a sair da zona de conforto, comecei a ter a minha visão modificada. A Palavra de Deus foi primordial nesse sentido, pois me apresentou vários exemplos de pessoas que passaram por experiências parecidas com as minhas. De todas elas, uma das histórias que mais me impactaram foi o processo de cura do cego de Betsaida (Marcos 8.22-26). Esse milagre em específico possui uma série de detalhes que, se analisados com atenção, podem nos levar a lições extraordinárias.

Desde o momento em que o homem é levado a Jesus até os segundos finais que antecediam sua cura, percebemos etapas de um aprendizado conduzido pelo Espírito Santo. Em cada ordem do Mestre, em cada ato de obediência e submissão do cego, conseguimos enxergar um Deus que se importa em não apenas nos conceder o milagre, mas nos ensinar como lidar com a bênção. Afinal de contas, se somos discípulos do Senhor, aquilo que recebemos d'Ele não pode ficar restrito às quatro paredes de um templo ou em algum círculo fechado. Nada disso! Ele quer nos levar a algo maior: sermos "amigos do avivamento".

Isso quer dizer que Deus conta conosco para uma grande obra que envolve várias funções e trabalhos especiais, dos quais "abrir os olhos dos cegos" é um dos mais relevantes. Mas o que isso significa? E mais importante do que isso, como chegamos lá? Para responder essas perguntas, o Senhor não nos dá lições teóricas, mas ensina tudo o que precisamos saber na prática. E a Sua escola não poderia ser um local mais propício: o deserto.

O que para muitos pode ser uma terra de escassez e esquecimento, para Deus é o lugar perfeito para instruir Seus filhos a serem pessoas responsáveis e posicionadas. Mais do que isso, o deserto é uma ferramenta de aprovação, pela qual todos nós devemos passar. Foi exatamente o que Ele fez com o povo de Israel anos atrás, e esse é o Seu desejo para aqueles que O amam: levar-nos não somente ao amadurecimento, mas estabelecer uma relação de intimidade profunda conosco.

Assim, o Senhor tem ensinado Seus amados desde a antiguidade, e eu creio que, em nossa geração, não será diferente. Por mais que as experiências que nos aguardam no deserto possam parecer dolorosas, são mais que necessárias. Durante as muitas viagens e oportunidades de levar a mensagem do Reino de Deus que tive, percebi como esse amadurecimento é crucial na vida de todo cristão. Sem ele, nós nos transformamos em pessoas "desnutridas" espiritualmente, sem as ferramentas e armas preparadas pelo Pai para vencermos as tribulações e permanecermos firmes.

Talvez, quando você observa a vida de pessoas bem-sucedidas em seus negócios ou ministérios, pergunte-se: como é possível que ele(a) tenha chegado lá? Nesse sentido, creio que existam várias possibilidades, pois Deus tem caminhos específicos para cada um de nós. Ainda assim, nenhuma pessoa, por mais bem resolvida que seja, escapará de um período no deserto. O tempo de aprendizado pode se manifestar de diferentes maneiras na vida de cada indivíduo, com tratamentos, curas internas, derrotas e falhas, até que chegue à excelência. Dessa forma, não podemos parar por conta das adversidades que aparecerão durante a caminhada. Eu garanto a você que algo grandioso nos espera do outro lado. Se foi assim com tantos exemplos, dentro e fora da Bíblia, por que aconteceria o oposto em sua vida?

Recuse-se a aceitar todo o peso contrário a essa verdade espiritual, pois essa não é a vontade do Senhor para você. Como um amigo do avivamento, livre da cegueira e preparado para enfrentar os desertos da vida, você será alguém excelente, um testemunho vivo da obra de Cristo. Por isso, devemos nos desprender de toda amarra que nos priva dessa liberdade, sem nunca ignorar as etapas para que isso aconteça. Até porque as Escrituras nos asseguram que a parte mais difícil dessa jornada já foi consumada na cruz, e hoje podemos avançar com leveza em direção ao plano de Deus:

Venham a mim, todos os que estão cansados e sobrecarregados, e eu lhes darei descanso. Tomem sobre vocês o meu jugo e aprendam de mim, pois sou manso e humilde de coração, e vocês encontrarão descanso para as suas almas. Pois o meu jugo é suave e o meu fardo é leve. (Mateus 11.28-30)

Existem coisas fantásticas que podem ser feitas se nos colocarmos nesse lugar de aprimoramento e dependência. Não podemos ser limitados por uma vida rasa, achando que somos desfavorecidos e que nossa origem humilde ou passado são impedimentos para aquilo que Deus pode fazer em nós e por meio de nós. Pelo contrário: devemos permanecer confiantes de que, com nossos olhos abertos, uma nova realidade há de se revelar.

Capítulo 1

AMIGOS DO AVIVAMENTO

Sejam sábios no procedimento para com os de fora;
aproveitem ao máximo todas as oportunidades.
(Colossenses 4.5)

Decidi que o primeiro capítulo deste livro trataria de algo que considero um princípio a todo aquele que deseja ser um cristão maduro. Afinal, pregar a respeito de Jesus Cristo às pessoas vai muito além de proferir palavras de Salvação, mas, principalmente, é sobre disseminar a cultura do Reino de Deus no meio em que vivemos. Essa mensagem é essencial atualmente, levando em conta o quanto o estilo de vida da grande maioria é influenciado direta ou indiretamente por Satanás. Essa realidade é um alerta grave, que aponta para o fato de que o mundo está sob o poder do Inimigo (cf. 1 João 5.19).

Por isso, enquanto ainda vivermos nesta Terra, devemos influenciar e provocar uma marca em nossa geração por meio do Evangelho. Se este é o seu desejo, assim como é o meu, então é necessário que nos tornemos "amigos do avivamento".

Este conceito não é novo, pois a Palavra de Deus nos dá muitos exemplos de personagens que possuíam essa qualidade. Por outro lado, alguns deles não tiveram seus nomes identificados, até mesmo porque isso não era tão importante para eles. Poderíamos formular várias teorias a respeito disso, porém o mais seguro é dizer que, muito provavelmente, o único desejo dessas pessoas era espalhar o avivamento, nada mais e nada menos que isso. Encontramos um desses exemplos no livro de Marcos, capítulo 8:

> Eles foram para Betsaida, e **algumas pessoas** trouxeram um cego a Jesus, suplicando-lhe que tocasse nele. (v. 22 – grifo do autor)

Como descrito nesse versículo, nenhum nome foi citado, no entanto, isso não faz com que as pessoas que participaram daquilo percam a sua importância. Ao prestarmos atenção nesse grupo chamado por Marcos de "algumas pessoas", é possível retirar lições relevantes. Eles, imagino eu, sabendo da fama de Jesus, e que n'Ele havia poder para curar qualquer enfermidade, decidiram levar um cego que conheciam até o Mestre. Nessa simples atitude, encontramos uma característica que não é tão comum: o amor ao próximo.

Infelizmente, se procurássemos por esse tipo de conduta nos dias de hoje, perceberíamos que ela não acontece com tanta frequência. Encontrar pessoas que deixam de supervalorizar seus problemas para carregar um necessitado pela mão até encaminhá-lo à solução é algo muito raro. Mas foi o que "algumas pessoas" fizeram.

Ao encontrar o Cristo, suplicaram-Lhe favor, demonstrando o grande amor e compaixão que havia em seus corações por aquele cego. O homem nem mesmo precisou chamar a atenção de Jesus, pois tinha aqueles "amigos do avivamento" fazendo isso por ele. Quem dera, todo aquele que carece de ajuda tivesse amigos assim, que com um gesto tão humilde mudam o rumo de destinos e de toda uma história.

Esses exemplos de pessoas dispostas a fazer a diferença aparecem em várias outras passagens bíblicas. Um outro caso está no livro de Mateus, e aconteceu na cidade onde Jesus morava (Cafarnaum):

> **Alguns homens** trouxeram-lhe um paralítico, deitado em sua maca [...] (Mateus 9.2a – grifo do autor)

Mais uma vez, "alguns homens", também dispostos a serem "amigos do avivamento", levaram um necessitado até Jesus. Glórias a Deus por suas vidas! Enquanto o primeiro grupo suplicou ao Mestre em favor do cego, esses homens ousados desceram um paralítico pelo teto da casa onde Jesus pregava. Eles encontraram uma forma tão inteligente de chamar a atenção de Cristo, que surpreenderam todos os outros que estavam ali, como Lucas. Ele contou o ocorrido da seguinte maneira:

> Vieram alguns homens trazendo um paralítico numa maca e tentaram fazê-lo entrar na casa, para colocá-lo diante de Jesus. Não conseguindo fazer isso, **por causa da multidão, subiram ao terraço e o baixaram em sua maca, através de uma abertura, até o meio da multidão, bem em frente a Jesus.** (Lucas 5.18-19 – grifo do autor)

Diante desses detalhes, eu me pergunto: "O que aquela multidão estava fazendo, além de atrapalhar a entrada de quem realmente precisava de ajuda?". As pessoas que rodeavam Jesus naquele momento eram, em sua maioria, fariseus e mestres da Lei. Eles haviam se dirigido de todos os povoados da Galileia, Judeia e Jerusalém para conversar com o Nazareno. Dada a importância desses ícones dos costumes judaicos, não deveriam ser eles os amigos do avivamento?

Em vez disso, muitos se escandalizaram com Jesus e tiveram pensamentos enganosos e incrédulos a Seu respeito (cf. v. 21). Porém, em meio àquela multidão, as pessoas mais simples, sem nenhum título ou crédito, eram os verdadeiros amigos do avivamento. Eles tinham em seus corações o que mais importava para o Mestre:

FÉ. Não sabemos se eram conhecedores da Lei de Deus, mas certamente acreditavam no poder de transformação e de cura que havia no Messias (cf. v. 17).

Hoje, o Senhor nos convoca a fazer parte deste simples grupo, que escolhe espalhar o avivamento e não perder nenhuma oportunidade com os de fora [aqueles que estão distantes do Salvador]. Assim como o apóstolo Paulo nos adverte em Colossenses 4.5, precisamos aproveitar ao máximo todas as ocasiões para manifestar o Reino de Deus. Foi justamente o que aquelas pessoas dos tempos de Jesus fizeram: abraçaram a chance de revelar o poder de Deus a alguém e, sem hesitar, foram a ferramenta ideal para gerar transformação e salvação.

UMA IGREJA DE AVIVAMENTO

E nos dias de hoje, esse desafio continua de pé: nós, como Igreja de Cristo, também precisamos ser amigos do avivamento. Digo isto principalmente àqueles que amam e buscam a presença de Deus, mas que ainda não descobriram como usufruir dela e, ao mesmo tempo, compartilhá-la com os demais.

A Bíblia nos mostra que esse dilema não é novo, pois Pedro, Tiago e João, sendo conduzidos por Jesus em particular a um monte (cf. Mateus 17), e tendo experiências sobrenaturais ali, não quiseram mais descer. Tamanha era a glória de Deus, que Pedro disse: "Senhor, bom é estarmos aqui" e depois destas palavras, sugeriu a Jesus que construíssem ali tabernáculos para morada. Enquanto o discípulo falava, como quem não dava importância a uma declaração tão carnal, a voz do Altíssimo o interrompeu. Deus, naquele momento, trouxe a atenção outra vez a Jesus, dizendo que Ele era Seu Filho Amado.

Após o ocorrido, o Mestre os conduziu a descer do monte para servir a um pai cujo filho estava sendo atormentado por Satanás (cf. vs. 14-15). Num espaço de poucas linhas, o texto nos conta como é bom estarmos com o Senhor, desfrutando de Sua presença e revelações no monte. Mas, ainda assim, melhor ainda é distribuir aquilo que recebemos d'Ele aos perdidos. O mundo precisa daquilo que nos alimenta quando estamos no secreto com Jesus. Eles carecem da Água Viva que flui de nosso interior (cf. João 7.38). Só que, para isso, é necessário descermos do monte e darmos de beber e comer à multidão faminta.

Este é o exemplo de uma igreja de sucesso: um lugar onde se busca a Deus incansavelmente, contudo, um local em que aquilo que é recebido também se distribui. Assim fez Jesus que, após entregar Sua vida por nós, hoje, nos desafia a fazer o mesmo pelas outras pessoas (cf. 1 João 3.16). Nessa mesma passagem, João nos aconselha a não amarmos apenas com palavras, mas através de obras e em verdade (cf. v. 18), ou seja, descendo do monte e estendendo a mão aos aflitos.

UM TESTEMUNHO: UMA DECISÃO!

Foi isso o que aprendi em muitas experiências na minha comunidade local. Eu cresci na igreja, mas isso não fazia de mim um "anjinho". Na verdade, eu era uma criança agitada, o que sempre transformava os cultos em uma maratona para os senhores diáconos, que corriam constantemente atrás de mim na tentativa de me acalmar. Eu realmente fui uma criança ativa.

Apesar dessa minha inquietude durante as reuniões, eu me recordo de, em algum momento, ter sido capturado pelo som do louvor produzido pela equipe que estava no altar. Logo, me vi refletindo: "Isso, sim, é legal em um culto". A partir daquele dia, durante os momentos de louvor, permanecia em silêncio, pois somente aqueles instantes prendiam toda a minha atenção.

Com esse interesse repentino pelo louvor, à medida que crescia, buscava cada vez mais fazer amigos e ter comunhão com o grupo de músicos. Percebi então que, conforme eu desenvolvia o amor pela música, também reparava o dom que crescia dentro de mim. Eu me via em casa, concentrado, treinando acordes e escalas na tentativa de reproduzir o que observava nos ministérios musicais mais importantes e habilidosos daquela época.

Mesmo assim, apesar de estar apaixonado pelo louvor, encontrei grandes dificuldades para crescer musicalmente, devido à falta de estímulo do ambiente onde eu estava. E esse desânimo trazia consequências diretas nos momentos de ministração. Em muitas reuniões, existiam instantes na adoração que pareciam não ter sentido algum. Até mesmo para quem fazia parte da equipe, era como se fosse apenas o cumprimento de uma tarefa para que o culto pudesse acontecer. Não havia nada de muito especial.

Mas como já mencionei, eu era inquieto e incansável. Desde pequeno, quando desejava algo, era determinado a conquistar o meu objetivo. Naquelas circunstâncias, o que eu mais queria era ser um ministro de louvor tecnicamente excelente. Eu desejava abençoar vidas por meio da música e, para a realização desse sonho, não me faltaram atitudes: tentava ser um "amigo do avivamento" para os meus companheiros de equipe, chorava sozinho quando sentia que nosso serviço havia sido péssimo e, quantas vezes, não corri para o banheiro, pedindo a Deus que me desse a oportunidade de fazer o melhor para Ele. No entanto, cheguei à conclusão de que não poderia mudar ou mover alguém a fazer o seu melhor pelas minhas forças. Em todo caso, o meu melhor deveria ser feito, independentemente daquela situação difícil.

Dessa forma, dos 13 aos 20 anos, segui servindo na equipe de louvor, na qual eu e minha esposa, Flavia, também tivemos a honra de ser pastores por alguns anos. Enquanto líderes de adoração na Igreja Batista do Angelim, pela graça de Deus, conseguimos criar um ambiente de honra e estímulo. Temos realmente lindas memórias do quanto crescemos e, consequentemente, geramos crescimento naquele período. Aprendi, ao longo desse tempo, que começos difíceis podem sinalizar grandes oportunidades de Deus.

O CONFLITO ENTRE A PAIXÃO E A OBEDIÊNCIA

Esses aprendizados se intensificaram ainda mais quando nossa igreja adotou o modelo de células, e eu tive um contato muito mais próximo com os irmãos de nossa comunidade local. Diferentemente da música, o processo de discipulado foi algo que precisei primeiramente obedecer, para depois experimentar. Para começo de conversa, acredito que, em algum momento da minha vida, talvez por imaturidade ou por ter sido tão intenso naquilo que desejava, eu tenha me atrapalhado e colocado a música acima do próprio Deus. Eu realmente amava tocar instrumentos em minha igreja, mas, com o tempo, isso se tornou mais importante do que a igreja em si.

De uma hora para outra, comecei a sonhar em fazer parte do meio secular na companhia de grandes artistas. Eu desejava ser um músico conhecido. Entretanto, quanto mais eu buscava essas coisas, mais percebia o quanto elas estavam distantes da minha realidade. Conforme os dias passavam, eu ia me convencendo de que, na verdade, deveria me contentar em servir à igreja que meu pai havia inaugurado e esquecer esse anseio. Naquele lugar, localizado em um dos bairros mais pobres de minha cidade, a música não era a protagonista no culto; o principal (depois do Senhor, é claro) era o amor e o serviço às pessoas. Contudo, pensava que aquilo não era para mim.

Quanto a isso, meu pai sempre me dizia: "Filho, você precisa cuidar de pessoas. Você precisa ganhar almas!". "Almas?", eu questionava em meus pensamentos, afinal minha cabeça estava cheia com a música, com sonhos relacionados a esse universo e com o meu desejo de ir além nessa paixão. Por termos temperamentos semelhantes, meu pai e eu, quase sempre, discordávamos em nossa maneira de pensar sobre esse assunto.

Porém, sempre disse a mim mesmo que seria um bom filho. Entre outras coisas, foi graças à criação dada pelos meus pais que fui estimulado desde cedo a orar e a buscar ouvir a Deus. Dessa maneira, mesmo em meio àquela crise interna, e ainda que não estivesse convencido a respeito do amor que deveria demonstrar às vidas por meio do discipulado, eu continuava me relacionando com o Senhor.

Pouco tempo antes, havia lançado meu primeiro CD e, por meio dele, passei a receber convites de várias igrejas da região. Apesar de estar feliz, me lembro de orar a respeito do incômodo que sentia ao ver todos os irmãos da nossa igreja cuidando de alguém, e eu sonhando sozinho com um ministério na música nacional.

A VOZ DE MUITAS ÁGUAS ME CONVENCEU

Até que um dia, em um desses momentos de intimidade, Deus falou ao meu coração: "Fred, quando você morrer, sua carreira na música será o menos importante no Céu. Jesus se entregou para salvar e resgatar a humanidade. Você precisa fazer algo por alguém além de si mesmo. Desista dos seus sonhos e abrace os Meus". Diante dessas fortes palavras, tomei uma decisão que mudaria não só o curso da minha vida, mas também da minha família. Conversei com a Flavia, que ficou muito feliz (ela sempre foi muito mais sensível à voz de Deus do que eu), e, assim, iniciamos nosso primeiro grupo de discipulado para jovens. Recém-casados, morávamos na casa da minha sogra, e ela gentilmente nos permitiu realizar as reuniões lá.

A partir daí, eu tinha algo para amar e cuidar além de mim mesmo e de minha esposa. Com o tempo, percebi que o discipulado é uma via de mão dupla: ensinamos e aprendemos com nossos discípulos. Ter abraçado essa missão sacerdotal me fez entender que a música cristã precisa cumprir o propósito de discipular na mesma medida. Compreendi que ser um músico cristão não se resumia apenas à qualidade do som e à excelência na execução dos hinos no louvor, mas, de certa maneira, era uma forma de "apascentar as ovelhas" por meio de cada canção.

Ao entender isso, mudei até mesmo minha maneira de compor. Notei que minhas músicas precisavam ajudar as pessoas a se expressarem ao Senhor. Concluí que a música na Igreja deveria ser um canal de conexão entre filhos sedentos e um Deus de amor. Com a intensidade que nunca deixou de me acompanhar durante a vida, abracei a tarefa de cuidar daqueles irmãos e de amá-los sem um instrumento musical nas mãos. No lugar disso, dispus de conselhos, abraços, orações, lágrimas e sorrisos.

Logo, éramos um grupo grande. Sem saber, eu e Flavia havíamos embarcado na maior aventura de nossas vidas. Nós nos tornamos pastores de uma série de grupos espalhados pelos lares de nossa cidade. Por outro lado, a música, que parecia ser tão indispensável em minha vida, agora, era dividida com a função pastoral. Admito que não foi fácil conciliar esses dois ministérios e, por diversas vezes, pensei em deixar a liderança e seguir apenas com a música, mas a ordem do Senhor Jesus e Suas palavras pessoais dirigidas a mim me faziam permanecer. E essa não foi uma ordem dada apenas a mim, mas a todos nós, cristãos:

> Portanto, ide, fazei discípulos de todas as nações, batizando-
> -os em nome do Pai, e do Filho, e do Espírito Santo;

Ensinando-os a guardar todas as coisas que eu vos tenho mandado; e eis que estou convosco todos os dias, até a consumação dos séculos. Amém. (Mateus 28.19-20 – ACF)

Por isso, é tão importante que você também faça a escolha de obedecer a esse chamado do Senhor, acima de todos os seus outros projetos. Até hoje, posso notar que o discipulado que acontece quando cuido de alguém ou quando sou obediente aos meus mestres ainda faz parte do processo constante que Deus opera em mim. Essa entrega diária ao próximo – por mais que não parecesse no começo – abriu os meus olhos para o quanto o Senhor nos ama e Se importa com cada pequeno detalhe de nossas vidas.

Até porque, quanto mais eu deixava de lado o sonho da música para me doar aos outros, mais portas se abriam para que eu vivesse minha paixão pelas canções. Era Deus me dizendo: "Eu também Me importo com os seus sonhos!". Entendi que tudo o que vivi naquele tempo aconteceu para que a música se movesse e ocupasse o seu devido lugar em minha vida: não à frente do chamado de cuidar de vidas, e muito menos à frente do lugar de exclusividade do Senhor.

ABRINDO OLHOS DE CEGOS

Depois de todo esse processo de abertura de mente, minha visão foi totalmente ampliada. Aprendi que o discipulado, além de muitas outras coisas, consiste em abrir os olhos dos cegos. Não me refiro aos fisicamente cegos, mas aos espiritualmente afetados por esse mal. Indo além da história narrada por Marcos, a respeito daquele homem que era literalmente um deficiente visual, devemos pensar que não são apenas pessoas como ele que não enxergam.

O ato de enxergar vai muito além de ter bons olhos e saber distinguir uma coisa da outra. Em nossas igrejas, por exemplo, podem existir inúmeros homens e mulheres que têm olhos, mas não veem, ou seja, não conseguem enxergar o que Deus tem para suas vidas. Estão cegas para os propósitos do Senhor. De forma resumida, não possuem visão, direção de Deus para seguir um propósito. Quanto a isso, o livro de Provérbios é bem claro:

> Onde não há revelação divina [visão], o povo se desvia [...]
> (Provérbios 29.18 – acréscimo do autor)

Em outras palavras, nós não fomos chamados somente para dar visão aos visualmente afetados, mas também para abrir os olhos daqueles que são espiritualmente cegos, aqueles que não conseguem enxergar suas vidas com um propósito claro e definido. Afinal de contas, nenhum de nós deseja viver sem um alvo, pois uma vida sem objetivos e uma visão bem definida não é vida de verdade. Somos chamados, portanto, para levar sentido a todos por meio de Cristo em nós, tanto para quem já teve um encontro com Ele quanto para aqueles que ainda não O conhecem.

Posteriormente, vamos falar um pouco mais sobre os processos em que somos submetidos por Deus para crescer, mas, antes disso, é imprescindível que você tenha clareza de algumas informações. Primeiramente, quando conhecemos a Cristo, somos limpos pelo Senhor, ganhamos novas vestes e nos tornando salvos. Mesmo assim, Jesus entende que ainda teremos uma longa vida na Terra, por isso nos convida para um propósito eterno, o qual descobrimos enquanto caminhamos em intimidade com Ele. Pedro, por exemplo, em seu encontro com Jesus, arrepende-se de seus pecados e é redimido. Porém, após o primeiro contato, foi convidado pelo Mestre para caminhar com Ele:

> E disse-lhes: Vinde após mim, e eu vos farei pescadores de homens. (Mateus 4.19)

Essas palavras de Jesus revelam o Seu respeito pela profissão dos irmãos Pedro e André [que também estava ali], mas também estendem o convite a subirem de nível e se tornarem pescadores de homens, algo incomparavelmente superior. Suas vidas ganharam tanto sentido que esses homens deixaram as redes para seguir o Nazareno (cf. v. 20). E da mesma forma, desejo que você também escolha ser um "amigo do avivamento", entregando-se completamente à vontade de Deus para a sua vida.

Capítulo 2

À MANEIRA DE DEUS

Ó profundidade da riqueza da sabedoria e do conhecimento de Deus! Quão insondáveis são os seus juízos, e inescrutáveis os seus caminhos! "Quem conheceu a mente do Senhor? Ou quem foi seu conselheiro?". (Romanos 11.33-34)

Apesar de termos muitas informações a respeito da soberania de Deus, acredito que poucos possuem uma clara revelação a respeito dela. Posso afirmar que, sem a consciência dessa característica divina, a prática da Palavra de Deus é quase insustentável ao homem. Neste capítulo, portanto, convido-o a refletir sobre como nós, filhos de Deus, muitas vezes, não aceitamos a maneira como o Senhor escolhe agir em nossas vidas.

Isso, porque existe uma grande diferença entre desejar que a vontade do Senhor se cumpra e, de fato, vivê-la. Essa escolha envolve muitas quebras de expectativas sobre a forma como Deus escolhe nos ensinar. Nesse caso, muitas pessoas preferem voltar atrás, dando ouvidos a opiniões alheias e deixando de priorizar a voz do Pai.

Agindo assim, nós só comprovamos a falta de entendimento que temos em relação ao caráter soberano do Eterno. Essa falha humana também pode ser observada em nossa mania de acreditar que as melhores escolhas pertencem a nós, enquanto Deus apenas observa. Ou melhor, o Senhor está com o Seu relógio atrasado nos fazendo esperar por Sua intervenção.

No entanto, a verdade é que nossa capacidade de distinguir o bom do ruim é falha. Nós tendemos a categorizar como bom aquilo que nos traz prazer e descanso, e ruim aquilo que nos traz dor, incômodo e sofrimento. Porém, é importante entender que Deus trabalha de diversas maneiras e de acordo com o Seu tempo. Da mesma forma, Sua ação não está restrita àquilo que consideramos prazeroso, mas muitas de Suas lições podem vir por meio de momentos de desconforto e sofrimento.

Nesse sentido, são precisamente os desertos da vida e da alma que podem nos levar para mais perto d'Ele [e, para ser sincero, não vejo caminho melhor para tal finalidade]. No deserto, temos duas opções: morrermos sozinhos nas tempestades ou encontrarmos esconderijo e proteção no Senhor.

UMA EXPERIÊNCIA DE DESERTO

Por incrível que pareça, eu tive uma experiência real no deserto. Há alguns anos, juntamente com os amigos do ministério Diante do Trono, estive no deserto de Wadi Rum, na Jordânia, para a gravação de um projeto em lindas locações. Lembro-me de que, quando chegamos lá, nos encontramos em meio a uma tempestade de areia. Tivemos de ficar no ônibus, já que não era possível enxergar o que havia poucos metros à nossa frente. Presos lá dentro, orávamos para que a tempestade passasse e, assim, pudéssemos iniciar a montagem dos equipamentos.

Durante aqueles momentos de apreensão, fiquei observando tudo o que acontecia ao nosso redor e pensando em como os hebreus que haviam sido libertos do Egito sobreviveram em um deserto semelhante àquele por tantos anos. Logo, Deus falou comigo e me deu a resposta: "Dependência!".

Foi então que entendi que, no deserto, se não dependermos de Deus, existe uma grande possibilidade de morrermos. Infelizmente, assim tem sido a vida de muitos cristãos. Eles não apenas enfrentam desertos em suas vidas, mas também são consumidos por ele, sendo que, na verdade, o projeto de Deus era fortalecê--los nesse lugar para viverem um novo processo de plenitude.

Sempre que penso sobre esse assunto, lembro-me de uma história que li algum tempo atrás a respeito de um jovem que vivia em uma aldeia e era filho de um homem muito sábio. Seu pai o havia presenteado com uma égua, que se tornou seu animal preferido. Entretanto, um dia, por estar distraído, o jovem não amarrou a égua corretamente, e ela fugiu. Ele ficou muito triste e, assim, todos os habitantes da aldeia o aconselharam a que esquecesse daquilo: "Coisas ruins acontecem com pessoas boas".

Quando seu pai soube, disse ao jovem: "Quem disse que não foi uma bênção sua égua ter fugido?". Semanas depois, assim como o pai havia dito, a égua voltou, trazendo consigo um cavalo lindo – um verdadeiro garanhão. Todos celebraram e disseram àquele jovem: "Que boa sorte lhe veio!". Quando seu pai ouviu a grande notícia, mais uma vez se dirigiu ao filho dizendo-lhe: "Quem lhe disse que este garanhão não será um problema?" Logo depois, o jovem, montado no cavalo, acabou caindo e quebrou a perna. O povo daquela aldeia não conseguia entender o porquê de todos aqueles acontecimentos, e diziam: "Mas que má sorte desse garoto".

Apesar disso, o pai do jovem lhe disse mais uma vez: "Quem lhe disse que ter caído não foi uma bênção?". Após uma semana, homens maus da região foram à sua aldeia e de lá tomaram jovens, que se tornariam escravos e soldados de guerra. Dos dez que lá moravam, nove foram levados. Mas todos os doentes e incapacitados foram deixados. No fim da história, aquele rapaz ficou com sua família em segurança.

Essa simples narrativa nos mostra como Deus trabalha conosco de forma parecida. Muitas vezes, não entendemos o Seu agir, e podemos ficar confusos com as coisas que acontecem ao nosso redor. Mas, se observarmos, por exemplo, os vários heróis da fé espalhados pela Bíblia, veremos que, apesar das dificuldades pelas quais eles passavam, no fim, sempre valia a pena confiar n'Aquele que nunca falhou em Sua palavra.

Voltando à tempestade de areia em Wadi Rum, nós continuamos orando fervorosamente dentro do ônibus, e logo a tempestade passou. Tivemos uma linda noite de adoração junto a muitos irmãos de alguns locais próximos e aos beduínos que viviam ali. Por isso, não importa o tamanho da tempestade que trouxe areia sobre os seus olhos: confie apenas no Senhor, dependa d'Ele e espere. O temporal vai passar!

UM DEUS QUE CRUZA CAMINHOS

A partir dessa revelação a respeito do controle de Deus sobre todas as coisas, passamos a viver de forma diferente – à Sua maneira. Eu considero que viver segundo a vontade do Senhor seja tão importante ao ponto de se tornar "perigoso", como cristãos, vivermos de outra maneira. Afinal, a Bíblia declara que pereceremos se tivermos falta de conhecimento [revelação] (cf. Oseias 4.6), nesse caso, não tendo consciência da soberania divina sobre nós. O perigo está justamente em tomarmos atitudes erradas em relação a Deus, fazendo, assim, escolhas ruins, por não nos submetermos à autoridade do Senhor.

Quem quase cometeu um erro assim foi Naamã, o importante e respeitado comandante do exército do rei da Síria. Apesar de todos os títulos de honra que possuía, esse guerreiro havia se tornado um leproso (cf. 2 Reis 5.1), condição que, na época, determinava um destino de morte, já que não havia cura para a enfermidade. Deus, por outro lado, decidiu ser misericordioso com ele. Porém, à Sua maneira.

Na casa de Naamã morava uma menina israelita [cujo nome não foi citado pelo escritor]. Ela disse à esposa de seu patrão que, em Samaria, havia um profeta que poderia curar seu marido (cf. v. 3). Ao saber disso, o comandante conta ao seu senhor [rei] sobre a informação. Para auxiliar seu servo, o rei da Síria escreve uma carta ao rei de Israel, dizendo-lhe que enviaria Naamã à sua terra para que fosse curado. Ao ler o pedido, o governante ficou apavorado e rasgou suas vestes, pois não via formas de resolver aquela situação (cf. v. 7).

Não demorou muito para que o profeta Eliseu também ficasse sabendo disso e, confiante em Deus, pediu que lhe enviassem o leproso Naamã. Quando o guerreiro chegou à casa do profeta, foi recebido por um mensageiro, que possuía uma ordem expressa: o doente deveria mergulhar por sete vezes no rio Jordão. Somente dessa forma, ele seria liberto de seu problema.

Gostaria que você analisasse comigo o processo de Deus na vida de Naamã. Perceba como o Senhor "cruza o caminho" de pessoas para cumprir Seus sublimes propósitos. Para que o comandante sírio conhecesse o Criador, em primeiro lugar, Ele enviou até sua casa uma escrava, vinda de Israel, para ser testemunha de Seu poder. Em seguida, a lepra acometeu o homem, situação que o levou a reconhecer que nem a honra, o respeito ou seu alto título militar poderiam curá-lo.

Entretanto, apesar de haver concordado com o conselho da jovem hebreia, ele ainda precisou esperar até que a carta de seu rei chegasse a Israel. Depois disso, ainda deveria aguardar para que o assunto chegasse aos ouvidos de Eliseu. E mesmo quando o profeta soube do acontecido, não fez questão nenhuma de receber aquele importante guerreiro em sua casa.

UM BANHO FORA DO COMUM

Como se não bastasse tudo isso, o recado que Naamã recebe por meio de um simples mensageiro foi tido por ele como absurdo. O texto nos diz que o guerreiro chegou a Israel junto de seus servos, com cavalos, carros e uma grande comitiva (cf. v. 9). Imagine a reação dele ao perceber que nada daquilo importava para o profeta. Que todos os bens preciosos que ele havia trazido de seu país (cf. v. 5) não poderiam comprar sua cura. Pelo contrário, sua esperança estava em mergulhar sete vezes em um rio que não era considerado um dos melhores da região (cf. v. 12).

Naamã ainda não havia entendido o processo de Deus para sua vida, pois ele não teve uma revelação acerca daquilo que o Senhor planejava com aquele ato simbólico. Por vezes, os caminhos de Deus, que quase sempre são incompreendidos, possuem o propósito de nos levar ao arrependimento, à humildade, ao reconhecimento de nossa pequenez e muitos outros ensinamentos. No caso de Naamã, o orgulhoso comandante do exército do rei da Síria, que estava acostumado a vencer batalhas (cf. v. 1), naquele momento de sua existência, encontrava-se perdendo a luta mais importante: a de sua própria vida.

Por isso, mesmo relutando contra a ordem de Eliseu, ele se rendeu ao Senhor. Desceu ao rio Jordão e lá se lavou por sete vezes, conforme o profeta havia dito, e, depois disso, foi purificado por inteiro. Porque se submeteu à vontade de Deus, Naamã foi mais do que um vencedor. Após ser curado, a Bíblia ainda revela que ele reconheceu que não havia outro deus, senão o Deus de Israel (cf. v. 15).

O PROCESSO DE DEUS É SEMPRE UM DEGRAU PARA O ALTO

Da mesma forma, muitas vezes, nosso desejo será ir na direção contrária daquilo que o Senhor nos aponta. Apesar dessa luta interior que enfrentamos ao sermos submetidos a um processo de Deus, é preciso ter clareza de que esse processo sempre nos levará para mais alto, assim como quem sobe um degrau. Por outro lado, ainda que este assunto pareça ser interessante e belo, não é tão fácil vivê-lo na prática, uma vez que exige plena confiança de nossa parte.

Um exemplo dessa convicção – na maneira como Deus escolhe realizar um milagre – foi o da mulher siro--fenícia e de sua filha endemoniada. Mateus relatou com detalhes a forma como ela se comportou para chamar a atenção de Jesus: gritando. Sem etiqueta alguma, nem pose, e totalmente despreocupada com sua reputação, ela clamava:

> "[...] Senhor, Filho de Davi, tem misericórdia de mim! Minha filha está endemoninhada e está sofrendo muito".
> (Mateus 15.22b)

O incômodo foi tão grande que os discípulos pediram ao Mestre que a mandasse embora (cf. v. 23). Talvez, eles estivessem envergonhados com a situação, mas foi justamente a exposição o método escolhido por Jesus para testar a fé daquela mulher cananeia. Quando, enfim, Ele decidiu lhe responder, Suas palavras foram "desanimadoras", pois afirmou que deveria priorizar os judeus, e não os estrangeiros (cf. v. 24). Depois disso, ainda fez uma dura comparação entre "filhos e cachorros", colocando a mulher na posição do animal que roubava o alimento dos herdeiros (cf. v. 26).

No entanto, nada disso a fez desistir. Ela parecia saber que aqueles poucos minutos que antecediam sua bênção eram, na verdade, apenas etapas. Se fosse aprovada nelas, sairia dali vitoriosa e feliz.

Quando penso na siro-fenícia, alegro-me. Vejo que, se nos submetermos aos métodos do Senhor e formos persistentes, veremos a glória de Deus em nossas vidas. Aquela mãe precisou romper cadeias culturais e costumes da época para se aproximar de Jesus. Afinal de contas, ela era uma mulher [não era levada a sério, como um homem], e não tinha origem judaica.

Ao encontrar o Messias, ela ainda se deparou com outro agravante: o cansaço de Jesus. Acompanhando os versículos anteriores, analisamos como o Nazareno passava o dia curando doentes, falando sobre o Reino de Deus e debatendo com fariseus. Além disso, Ele andava muito, horas e horas, debaixo de um sol escaldante. Pode ser que o seu intuito, naquele momento, fosse se esconder e encontrar um lugar para descansar. Quanto a isso, sejamos sinceros: penso que tanto eu quanto você também temos momentos assim, em que queremos nos distanciar dos outros e ter um tempo dedicado a nós, principalmente quando nosso trabalho envolve gestão de pessoas, liderança e comunicação constante.

Por um momento, pensei que a comparação feita pelo Mestre tivesse algo a ver com essa fadiga, mau humor ou algo do tipo, pois Ele se esgotava fisicamente, ou se chateava como qualquer um de nós. Mas o Espírito Santo soprou em meu coração que Jesus, com aquela atitude, estava trazendo para fora um sentimento, uma falsa verdade, que aquela mulher permitia que morasse no seu interior: "Eu não sou digna!".

Todavia, através dessas palavras, Cristo desejava ajudá-la a romper com esta mentira, expondo-a e trazendo-a para fora, para a Luz! E a mulher, quando entendeu que deveria lutar pela libertação de sua filha, humilhou-se ainda mais:

> "[...] Sim, Senhor, mas até os cachorrinhos comem das migalhas que caem da mesa dos seus donos". (Mateus 15.27)

Com sua atitude desesperada, ela parecia dizer: "Sou sim um cachorrinho, sou mulher, não judia e indigna, mas não abro mão do meu milagre!". Foi então que Jesus disse a ela: "Mulher, grande é a sua fé! Seja conforme você deseja" (v. 28). Em outras palavras, Ele se admirou com a resposta que ela Lhe deu. Aquela mãe, cheia de fé, soube se posicionar e agir na hora certa e, dessa maneira, experimentou o poder de Deus.

Diante de toda a humilhação que a mulher cananeia enfrentou, talvez, ela merecesse a atenção minuciosa de Jesus. Em um "cenário ideal", o Mestre, por exemplo, poderia ter ido até onde sua filha estava a fim de curá-la. Porém, Ele decide apenas usar Suas palavras: "[...] Seja conforme você deseja" (v. 28), para que o milagre se tornasse real e a menina pudesse ser liberta. A Bíblia relata que ela foi curada no mesmo instante. Essa mulher teve confiança na maneira como

Jesus decidiu realizar um grande milagre. Quem sabe não aconteceu conforme ela imaginava, mas tudo ocorreu à maneira de Deus?!

Voltando um pouco, quando falamos a respeito da cura do cego de Betsaida, eu me questiono: por que Jesus não realizou o milagre ali mesmo, onde ambos haviam se encontrado? Por que Ele decidiu curá-lo com a saliva de sua boca? Existe algum motivo para o Mestre ter escolhido essa maneira específica para se manifestar na vida daquele homem? Eu acredito que a resposta para tais perguntas será sempre a mesma: Ele estava submetido à vontade de Deus.

Conforme essas incríveis passagens nos ensinam, entendo que é determinante a forma como respondemos ao Senhor nos momentos de crise, dúvida e incerteza. Creio que as palavras que liberamos travarão ou destravarão o destino que o Pai tem para nós. É claro que Ele deseja que escolhamos responder positivamente em qualquer processo pelo qual passamos, mas mesmo querendo o melhor para as nossas vidas, o Eterno respeita nossas decisões. Ele não decidirá por mim e por você, mas nos ama e espera que nos posicionemos por vontade própria.

QUEM PODE DESCREVER O SENHOR?

Não sei se você já passou pela experiência de, enquanto contempla o Senhor, por instantes, ver-

-se totalmente estarrecido ao pensar em como Ele é grande e infinito. Essa é a sensação de estar debaixo da Sua soberania, e deixar o controle de tudo em Suas mãos. Nestes momentos, nos sentimos como grãos de areia, incapazes até mesmo de descrever a Sua beleza. Creio que Paulo sentiu-se assim quando escreveu um trecho específico do livro de Romanos [ele parecia "amortecido"!]. Observe suas palavras:

> Ó profundidade da riqueza da sabedoria e do conhecimento de Deus! Quão insondáveis são os seus juízos, e inescrutáveis os seus caminhos! "Quem conheceu a mente do Senhor? Ou quem foi seu conselheiro?". (Romanos 11.33-34)

Algo bem semelhante foi dito por Isaías, na tentativa do profeta de mensurar a grandeza de Deus:

> Quem mediu as águas na concha da mão, ou com o palmo definiu os limites dos céus? Quem jamais calculou o peso da terra, ou pesou os montes na balança e as colinas nos seus pratos? Quem definiu limites para o Espírito do Senhor, ou o instruiu como seu conselheiro? A quem o Senhor consultou que pudesse esclarecê-lo, e que lhe ensinasse a julgar com justiça? Quem lhe ensinou o conhecimento ou lhe aponta o caminho da sabedoria? (Isaías 40.12-14)

Acredito que, mais tarde, Isaías tenha se aproximado mais de uma suposta conclusão. Ele entendeu que os pensamentos e os caminhos do Senhor não eram como os dele. Concluiu que, todos os desígnios do Altíssimo eram mais altos do que seus próprios. Assim, ele pareceu ter suspirado de alívio, afinal tentar entender a forma como o Eterno trabalha [as maneiras como Ele decide agir em nossas vidas] é muito cansativo, ou mesmo perda de tempo.

Assim, da mesma forma que esses homens de fé puderam experimentar como é bom ser guiado pelo Senhor, convido você a se render a este Deus, que nos alerta a não abrir mão da confiança que temos n'Ele, pois ela será ricamente recompensada (cf. Hebreus 10.35). Quando deixarmos que Ele nos carregue no colo, nossos desejos ficam em segundo plano e a Sua vontade pode ser plena em nossas vidas.

Capítulo 3

TOMANDO PELA MÃO

> *Jesus, tomando o cego pela mão [...]*
> *(Marcos 8.23a – ARA)*

Agora que entendemos um pouco melhor a necessidade de nos entregarmos à vontade do Senhor, vamos continuar observando algumas características do milagre operado por Jesus na vida de um cego (cf. Marcos 8). Entre os muitos aspectos interessantes desse episódio, algo que chama atenção é a atitude do Mestre ao tomá-lo pela mão (cf. v. 23a). O ato de guiar aquele homem a outro lugar nos aponta diretamente para o primeiro processo pelo qual todo cristão será submetido se deseja realmente enxergar. A partir do momento que aceitamos a soberania de Deus em nossas vidas, estamos concordando também que Ele nos leve a lugares onde seremos tratados. Muitas vezes, sem vermos o caminho até lá.

Assim, todo cristão decidido a se posicionar dessa maneira entendeu a importância da rendição e da dependência do Senhor. Agora, coloque-se no lugar daquele cego. Haveria qualquer possibilidade de ele conseguir chegar ao "local do milagre" sem ser guiado por Jesus? Qualquer deficiente visual, se não for guiado, até mesmo nos dias atuais, sente-se inseguro de andar sozinho, e, por isso, necessita de ferramentas [uma bengala, um cão-guia, piso tátil] ou alguém que segure em sua mão e garanta o direcionamento de seus passos. Isso também acontece conosco.

Dessa forma, a partir da decisão daquele cego de se render à ajuda de Jesus, ele também escolheu confiar e acreditar que o Senhor o levaria para o local certo. Talvez o homem até tenha sentido medo, afinal, não podia ver por onde passava, mas resolveu crer em Cristo e em Suas palavras, vivenciando a experiência descrita pelo salmista, que, mesmo sem enxergar, teve seus passos iluminados:

> A tua palavra é lâmpada que ilumina os meus passos e luz que clareia o meu caminho. (Salmos 119.105)

A CEGUEIRA CRISTÃ

Na mesma medida, essa experiência nos ensina muito a respeito de uma outra cegueira, não a natural, mas, sim, a espiritual, a qual afeta todas as pessoas que estão distantes do Senhor. Muitos de nós, quando temos um encontro com Ele, estamos acometidos desse mal, e assim carecemos de Sua ajuda. A ausência de visão, nesse sentido, manifesta-se pela falta de propósito e de direção em nossas vidas, ambas, consequências do pecado e de uma jornada sem Jesus.

Por outro lado, a Bíblia nos fala a respeito de uma condição semelhante que pode continuar nos acompanhando, mesmo depois de anos na igreja. Iludidos com o tempo de caminhada com Cristo e as responsabilidades adquiridas no percurso, podemos imaginar estar bem espiritualmente, quando, na verdade, estamos pobres, cegos e nus (cf. Apocalipse 3.17). Aqui, o Senhor nos aconselha a comprarmos colírio para ungir nossos olhos, e, dessa forma, enxergar com clareza (cf. v. 18).

Percebemos, portanto, que esse distúrbio é fruto do engano e se torna um perigo real à nossa caminhada com Deus. Porém, a partir do encontro que temos com Ele, passamos a conhecê-lO verdadeiramente, então as escamas dos nossos olhos caem. Paulo foi um exemplo vivo dessa experiência. Em um momento de sua vida, teve seus olhos vedados por Jesus, uma cegueira física que durou cerca de três dias (cf. Atos 9.9). Aqueles dias de escuridão representaram toda a sua vida antes de ter o Mestre guiando-o pela mão.

Antes de conhecermos o "apóstolo Paulo", autor da maior parte do Novo Testamento, encontramos um homem muito diferente, que tinha a Lei de Moisés como regra de vida, e cria que o Messias não era aquele Jesus tão falado pelo povo (cf. vs. 1-2). Isso significa que ele se apoiava em sua própria carne para garantir a salvação, pois era praticante irrepreensível em todas as ordenanças contidas nos mandamentos (cf. Filipenses 3.6). Um homem tão cego pela religiosidade e distante do mundo espiritual precisava de um encontro extraordinário com Cristo para ser transformado.

Então, o Senhor escolheu um homem chamado Ananias para representar a Sua autoridade diante de Paulo. Ele chegou até onde "o perseguidor" estava e lhe impôs as mãos. Naquele momento, seus olhos foram abertos (cf. v. 18) e, a partir dali, Paulo recebeu uma nova revelação sobre o Criador e Seu Cristo. O fariseu que outrora fez de tudo para destruir a fé cristã teve as escamas dos olhos retiradas, e pôde compreender seu chamado, sua vocação:

> [...] Este homem [Paulo] é meu instrumento escolhido para levar o meu nome perante os gentios e seus reis, e perante o povo de Israel. Mostrarei a ele o quanto deve sofrer pelo meu nome. (Atos 9.15-16 – acréscimo do autor)

Infelizmente, existem muitas pessoas como o velho Saulo (que se tornou Paulo) dentro de nossas igrejas: cegas, inseguras e sem clareza a respeito de seu chamado e propósito na Terra. Assim sendo, nós precisamos, em primeiro lugar, permitir que Jesus nos conduza pela mão e, após sermos levados por Ele, só então, assumir a responsabilidade de abrir os olhos de outras pessoas. Apenas se passarmos por essa etapa, poderemos direcionar os passos de outros até chegarem à maturidade da fé e à perfeita vontade de Deus.

CONFIANÇA AO LONGO DO TRAJETO

Falando um pouco mais sobre esse processo, ser tomado pela mão é como quando estamos dentro de uma aeronave voando. Naquela altura, nossa única alternativa é confiar no piloto e em sua habilidade adquirida pelo estudo e pela prática. Permitimos que ele nos guie ao longo do trajeto até o destino final, e contamos que ele obedecerá às ordens vindas da torre de comando para que não aconteça uma fatalidade.

Da mesma forma, também deve ser nossa vida com Deus. Precisamos permitir que Jesus nos guie por esse caminho estreito, cheio de obstáculos, convictos da Sua fidelidade aos comandos do Pai, que nos garantirá a chegada ao objetivo em segurança. E aqui não me refiro somente à salvação e à vida eterna, mas ao cumprimento de nossos propósitos enquanto estivermos na Terra. Essa é a finalidade de termos sido desejados, criados e feitos filhos de Deus, e só veremos esse plano divino concretizando-se após nos submetermos ao querer do Senhor:

Se vocês estiverem dispostos a obedecer, comerão os melhores frutos desta terra. (Isaías 1.19)

Assim que aceitamos a Jesus como Senhor e Salvador de nossas vidas, a primeira coisa que Ele pedirá é a entrega de tudo em Suas mãos: passado, presente e futuro. O Eterno, em Sua Palavra, ensina-nos o quanto devemos reconhecê-lO em todos os nossos caminhos. Ou seja, Ele deseja ter a autoridade sobre todas as coisas que um dia nos pertenceram e endireitar as nossas veredas (cf. Provérbios 3.5-6). Ele quer nos guiar diante dos novos desafios, porém isso irá requerer plena confiança e inteireza de coração n'Ele. A importância dessa transferência é maior do que um simples capricho, mas uma prova de nossa aceitação à forma como Ele deseja nos moldar.

UM PROCESSO DEPENDE DO OUTRO

Sem darmos o primeiro passo, logicamente, os outros não virão. Esse é o motivo de haver tantos cristãos paralisados em suas vidas com Deus. São homens e mulheres que até receberam o Espírito Santo, mas não subiram o primeiro degrau: o da entrega. Pelo contrário, ficaram debatendo-se até morrerem espiritualmente – muitas vezes, sem se dar conta disso. Por outro lado, a Bíblia nos assegura que aqueles que confiam no Senhor se tornam inabaláveis:

> Os que confiam no Senhor são como o monte Sião, que não se pode abalar, mas permanece para sempre. (Salmos 125.1)

Outro exemplo de alguém que se tornou firme por causa de sua entrega foi Eliseu [instrumento de Deus para a cura de Naamã]. Logo no início de seu chamado, ele deixou toda a direção de sua vida com o Senhor. Seu comprometimento com a vontade superior foi comprovado ao queimar tudo o que representava seu sustento (cf. 1 Reis 19.21). O futuro profeta parecia saber que, naquela atitude, havia um grande segredo e uma grande recompensa. Desse modo, Eliseu permitiu que sua segurança nas coisas desta vida passasse pelo fogo e tudo fosse consumido. Afinal, a fé nas coisas terrenas precisa ser totalmente destruída, permitindo que uma nova confiança em Deus possa surgir. Sem isso, não iremos adiante em nosso ministério e vida pessoal – não chegaremos nem perto de onde o Senhor deseja nos levar.

Além disso, a Palavra de Deus nos afirma repetidas vezes o quanto nossa fé n'Ele será recompensada:

> Por isso, não abram mão da confiança que vocês têm; ela será ricamente recompensada. (Hebreus 10.35)

> [...] Sejam sempre dedicados à obra do Senhor, pois vocês sabem que, no Senhor, o trabalho de vocês não será inútil. (1 Coríntios 15.58b)

Logo, nossa dedicação ao Reino de Deus deve ser total, nenhuma área pode ficar de fora, ou então esse local será uma brecha onde Satanás terá legalidade. Devemos contestar qualquer atitude diferente, da mesma forma como Moisés contestou. Em Êxodo 10, na saída de Israel do Egito, ao ser pressionado pelo faraó a deixar tudo o que os hebreus haviam conquistado durante seu tempo na nação opressora, o patriarca não pensou duas vezes. Ele não aceitou que qualquer unha [ou seja, nem coisas pequenas e talvez desprezíveis] permanecesse sob o domínio do inimigo.

Portanto, nossas emoções, sentimentos, sonhos, finanças, relacionamentos e tudo mais, mesmo as partes mais difíceis, precisam ser confiadas ao Senhor, pois Ele Se mostra forte somente àqueles cujos corações são d'Ele por completo (2 Crônicas 16.9). Apenas com a ajuda do Altíssimo nós sairemos do lugar comum para o extraordinário.

Capítulo 4

LEVANDO PARA FORA

[...] Ele pegou o cego pela mão e o levou para fora do povoado [...]
(Marcos 8.23a)

A segunda etapa do processo para que os nossos olhos sejam abertos está centrada no ato de irmos até outro lugar. Esse é mais um dos métodos pelos quais Deus nos encaminha se desejamos ajudar outras pessoas que se encontram cegas espiritualmente. Ele quer nos tirar do local antigo, ou seja, de um lugar onde tudo era cômodo e as falhas e pecados parte da rotina, completamente normais. Ao sair desse ambiente tão prejudicial à nossa existência, o Senhor pretende nos apresentar uma nova realidade, em que temos acesso a um nível superior de conhecimento, entendimento e revelação sobre Sua natureza divina.

Esse passo é essencial durante a nossa libertação, pois, mesmo sem percebermos, todos nós estávamos em uma zona de conforto. Pensando um pouco sobre a realidade daquele cego que foi levado a Jesus, por exemplo, deveria ser comum em seu cotidiano a dependência de outras pessoas e o dia a dia repetitivo. Anos e anos, ele estava condicionado a viver sem ter a mínima noção da aparência de seus amigos e conhecidos. Talvez, tenha chegado ao ponto de se acostumar com aquele cenário, com poucas perspectivas de uma mudança definitiva.

Na mesma intensidade, quantos de nós não nos sentimos confortáveis, imersos em ciclos que não nos levam a lugar algum. Caímos nos mesmos pecados, lidamos com as mesmas dificuldades... O relógio parece dar voltar e mais voltas, porém nossas vidas permanecem imóveis. Assim como tantas outras pessoas, tentamos alterar nossa mentalidade, mudar a ordem dos afazeres ou ainda reagir de um jeito diferente diante de certas situações. Apesar disso, lá no fundo, parece que falta algo a fim de que as coisas realmente se transformem.

O triste desse quadro é que, quase sempre, esses são "locais" [circunstâncias] onde o pecado e a sua podridão dominam completamente. Muitas vezes, ao entrarmos em um lugar malcheiroso como esse, nossa expressão facial transfigura-se, de forma que ficamos com uma "cara feia". Demonstramos, de forma inconsciente, que reprovamos aquele odor. Porém, passados alguns minutos, temos a tendência de nos acostumar ao ambiente.

É realmente inacreditável a facilidade que temos de nos moldarmos a posições muito inferiores àquelas que Deus deseja nos colocar. Por isso, o Senhor quer nos tirar desse lugar malcheiroso, da aldeia, da região cômoda. Essa aldeia representa a multidão alienada, sendo a maioria, e o conformismo com este século, condição que nos impede de experimentar o novo de Deus – a Sua boa, agradável e perfeita vontade:

> E não sede conformados com este mundo, mas sede transformados pela renovação do vosso entendimento, **para que experimenteis qual seja a boa, agradável, e perfeita vontade de Deus**. (Romanos 12.2 – ACF – grifo do autor)

ROMPENDO COM AS ALDEIAS DA VIDA

Um dos lugares do qual o Senhor deseja nos tirar é da "aldeia da mornidão", um ponto em nossas vidas em que estamos espiritualmente estagnados, sem entrega completa ao Pai. Afinal, os que persistem em fazer desse local sua morada nunca experimentarão o melhor de Deus. Nesse sentido, acredito que nossa paixão pelo Senhor [que é o zelo pelo primeiro amor] é o termômetro que mede e distingue a mediocridade e mornidão de uma vida plena em Cristo.

E essa rendição ao Mestre só pode ser comprovada pelo tempo, ou seja, o que dizemos a Deus em nossas orações não é confirmado quando declaramos, mas bem depois, por meio de nossas ações. Assim, somente se não nos acostumarmos com o cheiro da mornidão, estaremos a todo momento nesse lugar de paixão e primeiro amor, um local de aprovação e de relacionamento profundo com Jesus. De modo que estaremos sempre "quentes" [com nosso espírito aquecido], numa condição de constante intimidade com Ele.

Por outro lado, aqueles que optam por viver uma realidade rasa e distante dessa expectativa divina têm o seu destino decretado pela Palavra de Deus, já que os mornos serão vomitados pelo Senhor, não são aceitos por Ele:

> Conheço as suas obras, sei que você não é frio nem quente. Melhor seria que você fosse frio ou quente! Assim, porque você é morno, nem frio nem quente, estou a ponto de vomitá-lo da minha boca. (Apocalipse 3.15-16)

Sendo assim, devemos nos esforçar para que isso nunca aconteça. Deus deseja ter um povo que permanece fiel e que não se acostuma apenas com instantes em Sua presença [ai de nós se nos acostumarmos com esse lugar!], mas que busca reavivar a chama todos os dias. Entretanto, nenhum de nós está livre de cometer tamanho pecado. A Bíblia alerta que aqueles que julgam estar firmes devem tomar cuidado para não cair (cf. 1 Coríntios 10.12). O fato de vivermos em uma boa igreja, por exemplo, pode trazer o risco de nos tornarmos religiosos, praticantes de rituais. Contudo, o Senhor deseja nos levar para fora, nos tirar da "aldeia da religiosidade" e nos colocar no centro da Sua vontade, que é o melhor de todos, pois somente ela nos levará para a eternidade.

Quero salientar aqui que o desafio de todo cristão é o de sair da aldeia que representa qualquer área medíocre de sua vida: casamento, relacionamento familiar, sonhos pessoais, ministeriais, entre outros. Quando somos seduzidos por alguma dessas áreas, tiramos nossos olhos do foco, que é estarmos apaixonados pelos caminhos do Senhor. No momento em que nos libertamos dessas distrações, entraremos em um nível maior de sacrifício, em que não se vê preço, nem esforço, mas em que se olha apenas para o alvo, para o Amado, o Desejado das Nações.

Sem essa paixão, a porção que temos do Senhor será cada vez menor. Aliás, esse fascínio, ou "primeiro amor", como a Bíblia chama em Apocalipse, é um quesito que envolve arrependimento e, portanto, mudança de atitude. Sem reconhecer as "aldeias" que nos prendem, nunca iremos alcançar essa profundidade de relacionamento com o Criador:

> Contra você, porém, tenho isto: **você abandonou o seu primeiro amor**. Lembre-se de onde caiu! **Arrependa-se e pratique as obras que praticava no princípio**. Se não

se arrepender, virei a você e tirarei o seu candelabro do seu lugar. (Apocalipse 2.4-5 – grifo do autor)

Por esse motivo, Deus nos chama para fora do lugar comum em que estamos. Esse é também um processo que o Senhor usa para purificar nosso coração e intensões, porque quando estamos acomodados com uma situação, podem existir alguns erros e pecados que se tornam "normais", e acabam nem mais sendo vistos como ruins. São vícios e formas de pensar que se tornam costumeiros. E esses pequenos detalhes tornam nosso coração impuro e dividido, ou seja, parcial em nossa entrega ao Senhor.

Voltando ao caso do cego de Betsaida, provavelmente ele também estava acostumado a viver numa aldeia como essa. Após passar tanto tempo na mesma condição, talvez o desejo pela cura tenha esfriado em seu coração. Mesmo habitando em um ambiente permeado pela cultura judaica, que aguardava a vinda do Messias, pode ser que a fé por um milagre tenha sido substituída pelo descrédito e a incredulidade. Entretanto, o Mestre, em Sua misericórdia, não só o encontrou, como o tirou de lá:

> [...] Ele tomou o cego pela mão e o levou para fora do povoado [...] (Marcos 8.23a)

O fato de Jesus haver removido o cego de onde ele estava acostumado, de certa forma, "expandiu a visão do homem" [mesmo que ele não enxergasse], levando-o ao milagre concreto.

Nesse sentido, mais uma vez, quero ressaltar a religiosidade como a principal aldeia que devemos abandonar. Costumo dizer que a religião é como mau hálito: sempre seremos os últimos a saber que temos. Essa "adoração automática" nos leva a continuar fazendo a obra de Deus, porém de forma superficial e mecânica.

O Senhor deixou claro em Sua Palavra que não aprova esse tipo de comportamento. Prova disso foram as inúmeras vezes que Jesus confrontou verbalmente os fariseus de Sua época. Antes mesmo da vinda do Messias, a religiosidade já era enfrentada e tida como motivo de desprezo pela boca de Deus através dos profetas:

> O Senhor diz: "Este povo se aproxima de mim com a boca e me honra com os lábios, mas o seu coração está longe de mim. **A adoração que me prestam só é feita de regras ensinadas por homens**". (Isaías 29.13 – grifo do autor)

Se não tomarmos cuidado, a religiosidade nos faz esquecer de coisas essenciais, como a paixão e o zelo, fazendo com que, inevitavelmente, caiamos no "ativismo". Afinal, as pessoas enxergam melhor o que fazemos do que o amor que temos pelo Senhor. Outra essência que perdemos com isso é o cuidado com a salvação que recebemos. As preocupações com as responsabilidades da igreja e de casa, ou em manter as aparências com uma "imagem espiritual", ofuscam aquilo que deveria ser mais importante que todo o resto. Até porque, no final de tudo, empregos e ministérios deixarão de existir, esposa e filhos se tornarão irmãos, mas as experiências reais com Cristo e o relacionamento que cultivamos com Ele aqui na Terra se perpetuarão até o fim dos séculos.

PAIXÃO QUE NÃO VÊ ESFORÇO

Para exemplificar um pouco melhor essa ruptura com o habitual e incentivar você a conservar em seu coração um desejo incontrolável pela vontade do Senhor, gostaria de finalizar contando como fui zeloso e apaixonado em meu primeiro encontro com minha esposa, Flávia. A primeira vez que nos encontramos foi em um café da tarde em família na casa dela, que ficava há uns 20 quilômetros de onde eu morava. Lembro-me que naquele dia não havia conseguido nenhuma carona, mas isso não me impediu de vê-la, afinal a paixão não mede esforços.

Após uma longa caminhada, cheguei ao condomínio onde ela morava na época. Quando contei ao síndico o motivo pelo qual estava lá, "derretido" de suor, ele achou engraçado. Assim foi nosso primeiro encontro. Não poderia deixar a distância, o clima ou qualquer outro impedimento me fazer desistir daquela oportunidade com a minha amada. De toda maneira, não sou tolo em pensar que essa atitude foi suficiente. Assim como o relacionamento com minha esposa precisou e ainda precisa ser cultivado, da mesma forma, devemos agir em relação ao nosso Senhor: abandonando a aldeia da mediocridade para termos nossa visão e paixão restauradas. Essa é a vida que o Senhor deseja para todos nós. No fim das contas, toda dor e sofrimento de ser levado para fora são recompensados pelo milagre que nos aguarda!

Capítulo 5

OFENSA, HUMILHAÇÃO E DOR

[...] Depois de cuspir nos olhos do homem e impor-lhe as mãos, Jesus perguntou: "Você está vendo alguma coisa?". (Marcos 8.23b)

Todo cristão, para chegar à estatura que Deus deseja, precisa conhecer e experimentar a ofensa, a humilhação e a dor. Essas são condições e sentimentos que, se pudéssemos escolher, optaríamos que passassem longe de nós, porém o próprio Jesus não fugiu dessas experiências. No Getsêmani, por exemplo, quando estava prestes a ser entregue aos chefes dos sacerdotes e líderes religiosos do povo para ser crucificado e morto, Ele vivenciou um momento de extrema aflição e martírio.

A Bíblia relata as palavras do Mestre, que expressou a profundidade do sentimento de Sua alma naquele momento: uma "tristeza mortal" (cf. Mateus 26.38).

Jesus, por três vezes, pediu ao Pai que, se possível, o cálice da ofensa, humilhação e dor fosse afastado d'Ele, mas deixou claro que não gostaria que as coisas acontecessem do Seu jeito, mas da forma que Deus havia determinado (cf. vs. 39, 42 e 44).

As palavras angustiadas do Messias evidenciam, também, o nosso comportamento diante de situações desafiadoras. Afinal, ninguém deseja ter a dor como parte do processo de crescimento. Nossa carne não gosta de sofrer, assim como a de Jesus não desejava o sofrimento que O aguardava, mas Seu Espírito sim, pois aqueles que nascem de novo desejam a vontade de Deus (cf. v. 41).

Quando vivermos da forma que Deus determina, guiados por Seu Santo Espírito, então entenderemos o quanto a dor e o sofrimento têm importância em cada etapa do nosso amadurecimento pessoal e espiritual.

O CAMINHO PARA A PROMESSA PASSA PELO DESERTO

Quando estamos passando por algum aprendizado desconfortável, geralmente dizemos que "estamos passando pelo deserto". Acredito que essa seja a intenção de Deus para com as nossas vidas. Até porque foi no deserto que Ele testou o coração do Seu povo. O Senhor havia prometido uma terra para Moisés e para os israelitas, um lugar com abundância de leite e de mel (cf. Êxodo 3.8). Entretanto, no caminho para esse lugar, um pedaço desértico foi incluso no itinerário, não por erro, mas por determinação do Senhor e com um propósito bem definido por Ele:

Lembre-se de como o Senhor, o seu Deus, os conduziu por todo o caminho no deserto, durante estes quarenta anos, **para humilhá-los e pô-los à prova, a fim de conhecer suas intenções, se iriam obedecer aos seus mandamentos ou não**. (Deuteronômio 8.2 – grifo do autor)

O deserto em nossas vidas não chega por acaso, pois, muitas vezes, é direcionado pelo Senhor para nos pôr à prova e, assim, revelar nosso coração. Foi o que aconteceu no meio dos hebreus, mostrando pessoas que, em muitas ocasiões, desejavam mais os manjares do Egito à liberdade concedida pelo Criador (cf. Números 14.1-4). Todavia, existiam também aqueles que estavam com os olhos fixos na promessa (cf. vs. 5-9), independentemente das dificuldades que eles teriam de enfrentar até chegar ao seu destino.

Portanto, não há como fugir desse processo. Por meio dele, Deus levanta pessoas mais fortes, além de cumprir grandes propósitos. É importante ficarmos atentos enquanto estamos passando pelo "deserto", porque, como em todo teste, é necessário que nos esforcemos para sermos aprovados. No caso de Jesus, ao passar por Seu momento de dor, Ele resistiu à vontade de olhar para trás e, dessa maneira, foi aprovado. O resultado dessa persistência foi extraordinário: Ele salvou toda a humanidade!

> Mas ele foi transpassado por causa das nossas transgressões, foi esmagado por causa de nossas iniquidades; o castigo que nos trouxe paz estava sobre ele, e **pelas suas feridas fomos curados**. (Isaías 53.5 – grifo do autor)

O texto acima nos ensina que, apesar do deserto caracterizar-se como um lugar de dificuldades, ao final de tudo, se formos vitoriosos, entenderemos que algo maior estava à nossa espera. A salvação de toda a humanidade, por exemplo, não foi conquistada sem ofensa, humilhação e dor, então por que seria diferente em nossos dilemas pessoais e buscas por aprimoramento?

UM JEITO INCOMUM DE CURAR

Por outro lado, para muitos de nós, o processo que nos leva à promessa acaba sendo mais importante ou valorizado do que o milagre em si. Imagino que o cego de Betsaida, assim que passou a enxergar, já não se lembrava mais das coisas as quais havia sido submetido. No entanto, se analisarmos detalhadamente a maneira como Jesus o curou, perceberemos atitudes incomuns, que não estamos acostumados, mas que fizeram parte do deserto que aquele homem precisou atravessar.

Após tomar o cego pela mão e o levar para fora do povoado, Jesus cuspiu em seus olhos e, somente após esse ato, é que o Mestre impôs as mãos sobre ele. Mesmo assim, a cura não se deu por completo. Cristo parecia querer "esticar a fé" do homem, ver até onde ele permaneceria fiel. O cego até passou a enxergar, mas não claramente (cf. Marcos 8.24). Dessa vez, Ele colocou Suas mãos sobre os olhos do cego, que foram abertos e a sua vista foi restaurada, de forma que ele passou a ver tudo com perfeição (cf. v. 25).

Agora pense: por que Jesus usou cuspe? Por que colocou as mãos sobre a cabeça do homem? Por que o cego não foi curado completamente na primeira oração? Essas são perguntas interessantes, porém não devemos nos ater a detalhes como esses. No fim das contas, acredito que as atitudes do Mestre foram guiadas pelo Espírito Santo e, creio que até mesmo a maneira que Deus escolhe para nos abençoar tem tudo a ver com o fato de que há áreas em que precisamos ser aprovados.

Deus escolheu curar aquele homem por meio da vida de Jesus e se utilizou de formas inusitadas. Mas, ao fim de tudo, o milagre aconteceu. Será que eu e você não teríamos nos ofendido com um cuspe no rosto? Não nos sentiríamos humilhados? Se pudéssemos escolher receber o mesmo tratamento que o cego, provavelmente, preferiríamos outro método. Ainda assim, se esse também for o que Deus escolheu para que nos submetamos, então devemos aceitar, deixando de lado nosso orgulho ou qualquer tipo de vaidade. Afinal, seremos mais conhecidos pela conclusão de nossas histórias do que pelo começo ou o meio delas.

Por meio dessa cura, o homem teve a visão totalmente restaurada e passou a ver como nunca havia antes. Depois de curado, todos os processos e dificuldades caíram no esquecimento, e o que realmente importava resplandeceu: seus olhos foram completamente abertos! Após tantas ofensas, humilhações e dores que, talvez, o cego tenha enfrentado durante toda a sua vida, ele foi honrado por Deus e recebeu a sua vitória.

O TESTE DA FORNALHA

Sadraque, Mesaque e Abede-Nego, três jovens corajosos foram testados por Deus da mesma forma que o cego de Betsaida. Mas o interessante é que, no caso destes, o meio utilizado pelo Senhor foi bem diferente: o fogo, uma substância destruidora.

O fogo possui várias simbologias na Bíblia e, segundo ela, o próprio Deus é Fogo Consumidor (cf. Hebreus 12.29). O fogo é a substância utilizada para a purificação de metais e, nos dias de hoje, figurativamente, é utilizado para representar as lutas diárias, as provações da vida, que Ele permite que enfrentemos.

Os três jovens viveram, literalmente, uma prova de fogo. Eles foram lançados dentro de uma fornalha ardente, por ordem do rei Nabucodonosor, não porque foram infiéis a Deus; pelo contrário, isso aconteceu por sua fidelidade a Ele. O mais interessante é que eles não confiaram no Senhor esperando que Ele os livrasse da morte. Sadraque, Mesaque e Abede-nego disseram:

> [...] Ó Nabucodonosor, não precisamos defender-nos diante de ti. Se formos atirados na fornalha em chamas, o Deus a quem prestamos culto pode livrar-nos, e ele nos livrará das suas mãos, ó rei. **Mas, se ele não nos livrar, saiba, ó rei, que não prestaremos culto aos seus deuses nem adoraremos a imagem de ouro que mandaste erguer.** (Daniel 3.16-18 – grifo do autor)

Em nenhum momento aqueles jovens questionaram o porquê de estarem sendo submetidos a um processo tão penoso quanto aquele. O que percebemos, no fim da história, foi a fé de cada um deles aumentada, "esticada" e aprovada. Eles passaram pela prova de fogo e, dela, saíram ilesos (cf. v. 26-27). Além disso, tiveram a experiência de ver e conhecer um homem cuja aparência era a de um filho dos deuses – Jesus Cristo, creio eu, que andou no meio deles. O Altíssimo, por meio do teste da fornalha, tinha um propósito muito maior do que apenas livrar Seus queridos e exaltá-los a melhores posições na província da Babilônia (cf. v. 30). Depois daquele grande livramento, o próprio rei Nabucodonosor reconheceu o poder do Deus daqueles homens (cf. v. 28).

Diferentemente do povo no deserto, os três jovens não murmuraram ou desconfiaram do poder de Deus diante da prova de fogo. Suas vidas devem servir de exemplo para nós, pois, com toda certeza, ainda passaremos por desafios semelhantes, porém com fé, que é a certeza que vence o mundo (cf. 1 João 5.4). Nossa confiança no Senhor é a esperança que nos fará superar toda a dor e seguir caminhando.

Capítulo 6

ESPERANÇA NO DESERTO

> *Lembrem-se de como o Senhor, o seu Deus, os conduziu por todo o caminho do deserto, durante estes quarenta anos, para humilhá-los e pô-los à prova, a fim de conhecer suas intenções, se iriam obedecer aos seus mandamentos ou não.*
>
> *(Deuteronômio 8.2)*

Esperar é um dos processos mais difíceis de Deus para as nossas vidas, pois somos naturalmente ansiosos. Augusto Cury fala sobre esse tema em seu livro *Ansiedade: como enfrentar o mal do século*, em que relatou que mais de 80% da população mundial, em todas as faixas etárias, profissões e situações econômicas, sofre de Síndrome do Pensamento Acelerado (SPA), caracterizada por impedir o indivíduo de pensar e realizar tarefas de forma focada, ficando dividido entre várias delas ao mesmo tempo.[1]

---

[1] CURY, Augusto. **Ansiedade:** como enfrentar o mal do século. São José dos Campos: Benvirá, 2013.

Essa é uma realidade que pode, entre outras coisas, ser um reflexo direto de uma geração familiarizada com a *internet* e com as redes sociais, e por causa disso, tem rápido acesso a conteúdos e notícias. Hoje em dia, consegue-se, por exemplo, resolver rapidamente um problema do trabalho utilizando um celular ou enviando uma mensagem de texto, que alcança seu destino em questão de segundos.

Podemos facilmente receber uma ligação de urgência de nosso chefe ao mesmo tempo em que nosso cônjuge nos envia uma mensagem pedindo por algo, e muitas outras possibilidades. Com todas essas "facilidades", inconscientemente nos transformamos em pessoas "multitarefas", cujas mentes estão em constante aceleração. Com o passar dos anos, o efeito acaba sendo a perda da capacidade de esperar.

Entretanto, apesar do contexto em que estamos inseridos, nosso Deus é, foi e sempre será um Deus de processos. Ele não possui uma mente acelerada, desfocada ou presa a milhares de tarefas simultâneas. Por isso, continuará a trabalhar em nós da mesma maneira que sempre fez. Neste capítulo, portanto, quero conversar e prepará-lo não somente para viver o período da espera, inevitável a todos nós, mas também ajudá-lo a sempre encontrar esperança em meio ao deserto.

Costumo afirmar que todo cristão maduro será levado pelo Senhor ao deserto de vez em quando. Nesse lugar árido, Deus o testará e o ensinará, assim como já vimos anteriormente. E, talvez, a melhor forma de aplicar esse amadurecimento seja por meio da espera. Afinal, esperar não é fácil, e é ainda mais difícil quando estamos em uma situação difícil. Diante disso, e levando em conta o mundo atual, como conseguiremos compreender o que Deus deseja nos falar? Em uma realidade cujos acontecimentos e notícias ocorridas do outro lado do planeta chegam a nós em questão de segundos, como seremos capazes de estar atentos às lições que o Senhor quer nos transmitir?

Ora, não é à toa que os processos de Deus parecem tão demorados [mesmo sabendo que o Criador nunca se atrasa], pois incluem paciência, espera e confiança n'Ele. Sem essas características é impossível que qualquer cristão sobreviva aos desertos preparados pelo Pai. Desde o início, na criação de todas as coisas (cf. Gênesis 1), o Senhor já demonstrava a maneira como Ele trabalha, usando de Seu tempo e de um fundamento primordial a todos nós: o descanso.

O DESCANSO COM PROPÓSITO

Deus, com todo o Seu poder e glória, poderia ter construído o mundo em um só dia, porém Ele o fez de forma diferente. Toda vez que terminava de criar algo, tirava um tempo para contemplar Sua "obra de arte", o que aconteceu ao longo de seis dias. Ao final deles, no sétimo dia, o Senhor, enfim, descansou (cf. Gênesis

2.2). O Criador descansou, mesmo sem a necessidade de fazê-lo, pois não é limitado por forças físicas. Mas descansou para estabelecer o "princípio do descanso". Ele queria nos ensinar a fazer o mesmo, porque só ouviremos a Sua voz se estivermos em um lugar de sossego e intimidade.

Inclusive, foi em um local como esse, repleto de paz e perfeição, que a humanidade foi gerada e iniciou o seu aprendizado: o Jardim do Éden. E esse cuidado do Criador se reflete até hoje, no modo como muitos casais, quando têm seus filhos, buscam fazer com que seus lares e outros locais de convivência sejam seguros e proporcionem um ambiente de liberdade, por exemplo. Dessa forma, a criança terá a oportunidade de crescer com saúde e desenvolver suas habilidades. Portanto, se desejamos nascer de novo e aprender como servir ao Altíssimo com excelência, também é necessário que nos coloquemos nesse lugar de proximidade, a fim de gerarmos os sonhos de Deus em nossas vidas.

Aliás, o próprio Jesus foi um dos maiores defensores de uma intimidade profunda com o Pai, nos mostrando como a oração em secreto é uma ferramenta essencial para obtê-la (cf. Mateus 6.6). O Senhor deseja que fechemos a porta para o mundo e a abramos somente para Ele. Como estamos tão envolvidos e embaraçados com as tecnologias, fechar a porta pode significar uma ruptura com tudo aquilo que nos prende e tira a atenção que deveria ser direcionada a Deus. Algumas vezes, será necessário desligar o celular, pedir aos filhos que nos permitam ter um instante a sós com Ele, sem sermos interrompidos, ou mesmo nos propormos a ficar longe das redes sociais por um período. Estarmos desligados do mundo nos permite aprender com Ele sobre paciência e ter discernimento sobre o Seus desígnios.

TEMPO: O INIMIGO A SER VENCIDO

Sempre que desaceleramos, percebemos como é difícil nos desapegarmos de nossas rotinas e, assim, revelamos algumas ansiedades por meio de urgências, cobranças e da pressa. Talvez por isso, muitas vezes, sejamos imaturos diante da espera, lutando com nossas forças para que as coisas se resolvam ou, pior, fazendo pirraça.

Sobre esse comportamento, sabemos como ele é comum durante a infância, principalmente em shoppings e outros lugares públicos. Quando vejo esse tipo de cena, sinto até vontade de ajudar os pais, que ficam em apuros toda vez que seus filhos pedem por algo de alguma loja. Percebo, em alguns momentos, como ficam envergonhados ao ver as crianças revoltadas com o "não". Em outras oportunidades, os vejo fingindo que a criança não está ali [por mais barulhenta que ela seja!].

Na mesma intensidade que vemos muita determinação em crianças quando lutam para ter algo desejado, identifico que alguns de nós têm convicção dos sonhos, promessas e milagres prometidos por Deus, porém, repetidamente, não têm a disposição para esperar pelo tempo e pelo método do Senhor para que essas coisas se realizem. Por conta disso, alguns agem como crianças em frente ao "brinquedo especial" que não podem ter. Contudo, Deus Pai continua imutável, sem nunca atrasar ou adiantar suas bênçãos. Ele não negociará princípios e não se deixará manipular por infantilidades de nossa parte.

Agora, imagine observar pela perspectiva divina homens e mulheres formados agindo como se fossem seus próprios filhos. Parece muito contraditório, porém muitos de nós repetirmos esse comportamento tão comum em crianças. Todavia, assim como elas precisam aprender a esperar e aceitar os "nãos", nós também devemos ter paciência e discernir com sabedoria o que Deus planeja ao nos entregar ou negar certos presentes.

Às vezes, quando finalmente desistimos de esperar por algo, tranquilizando nosso coração em relação ao que tanto queríamos, o Senhor decide nos presentear. Com isso, Ele prova de novo o princípio do descanso: no momento em que acalmamos nosso coração, somos aprovados em nossa maturidade e, assim, estamos aptos a receber o que havíamos desejado um dia. Passada essa experiência, aprendemos a maneira certa de agir nas próximas que virão.

A ESPERA DE ABRAÃO

Abraão também precisou aprender a esperar depois de muito sofrer no deserto. Quando ele tinha aproximadamente 75 anos de idade, Deus prometeu que ele seria pai. Mesmo assim, a dificuldade em aguardar o cumprimento dessa palavra fez com que o patriarca agisse sozinho:

> Ora, Sarai, mulher de Abrão, não lhe dera nenhum filho. Como tinha uma serva egípcia, chamada Hagar, disse a Abrão: "Já que o Senhor me impediu de ter filhos, possua a minha serva; talvez eu possa formar família por meio dela". Abrão atendeu à proposta de Sarai. (Gênesis 16.1-2)

A consequência dessa atitude apressada foi ter de esperar por mais 14 anos a chegada do filho da promessa, Isaque. Somente quando Abraão acalmou sua ansiedade e confiou naquilo que havia sido liberado sobre ele, o milagre pôde ser finalmente gerado. Essa história nos revela como os planos de Deus seguem uma ordem perfeita, que não pode, de maneira nenhuma, ser interferida por nós. Ele não precisa de nossa ajuda para realizar Seus milagres! Quando aceitamos a Sua soberania, por meio do senhorio de Cristo em nossas vidas, temos acesso às mesmas bênçãos prometidas a Abraão, fazendo parte da sua descendência (cf. Gálatas 3.7-9).

A MINHA ESPERA

Assim como Abraão, nossa tentativa de "facilitar a bênção" para Deus só traz atrasos ao processo e ao cumprimento da promessa em nossas vidas. E eu, infelizmente, já provei dessa experiência. O Senhor havia prometido que eu seria um grande músico e ministro de louvor, e que as minhas canções abençoariam as congregações de todo o país.

Naquele tempo, muitos líderes de adoração vinham à nossa igreja [como ainda acontece], e um deles me aconselhou a sair do Maranhão e a me mudar para São Paulo, Rio de Janeiro, Brasília ou Belo Horizonte, com a justificativa de que esses lugares facilitariam a gravação de meu primeiro CD. Guardei essa palavra em meu coração e decidi aceitar o conselho, pois pensava que, fazendo isso, "ajudaria Deus" a cumprir a Sua promessa.

Então, eu e minha esposa nos mudamos para Belo Horizonte. O resultado desse passo precipitado foi que Flávia e eu vivemos o ano mais difícil de nossas vidas. Deus, nesse período, nos mostrou quem nós éramos, quem Ele desejava que fôssemos, e também quem Ele gostaria que nunca fôssemos.

Após nove meses naquela cidade, completamente sozinhos [pois aqueles que nos haviam motivado a ir para lá haviam desaparecido], eu passei a sentir o desejo de voltar, mas a vergonha de ter fracassado me impedia. Eu dizia em minhas orações ao Senhor que só voltaria se a Flávia engravidasse. E mesmo ela usando um método contraceptivo, tornando impossível uma gestação, aconteceu. Nós seríamos pais! Com a gravidez de minha esposa, entendi que era hora de voltar, e foi o que fizemos. Na viagem de volta, dentro do avião, lembro-me de ter pensado: "Acabou. Vou voltar para a igreja do meu pai, servi-lo no que for preciso, pois o sonho e o projeto com a música tiveram fim".

Porém, para a minha completa surpresa, depois de dois anos, gravamos o projeto "Dançando no fogo", que nos abriu muitas portas em todo o Brasil. Ano após ano, percebia o Senhor nos impulsionando. Até que um dia, em uma igreja expressiva, um pastor relevante me aconselhou [mais uma vez] a me mudar para outra cidade. Lembrei-me do período em Belo Horizonte, onde desejei autopromover o meu ministério, pelo fato de achar que "ninguém havia olhado para mim". Naquele momento, o Senhor me disse: "Fred, eu não preciso da sua ajuda para fazer o que desejo em sua vida, preciso somente da sua submissão".

Com essa experiência, aprendi que meu trabalho é apenas descansar em Deus. Como a Bíblia afirma, eu e você fomos sepultados em Cristo (cf. Romanos 6.4) e agora é a vontade d'Ele que deve prevalecer. No fim de tudo, estando mortos para nós mesmos, o Senhor nos ressuscitará, nos encherá de vida, de Seus sonhos e projetos.

O TEMPO NOS PREPARA PARA O MILAGRE

Diante disso, descobri que o processo da espera constrói em nossas vidas a estrutura necessária para receber os milagres de Deus. Sobretudo, porque o Senhor não quer nos dar algo que, mais tarde, se tornará um ídolo para nós, ocupando o lugar d'Ele em nossos corações. Ainda assim, com toda certeza, se você nunca passou por isso, pelo menos conhece alguém que trocou Deus por Seus milagres.

No início de meu pastorado, vivenciei uma história como essa. Eu orava por um jovem que desejava muito ser aprovado no vestibular. Após um ano de clamor, ele finalmente conseguiu sua vitória. Porém, algum tempo depois, já na faculdade, ele se desviou das convicções cristãs e acabou se afastando do Senhor. A fé pura, sincera e inocente que ele cultivava foi substituída por dúvida e descrença. Logo, ele deixou de frequentar a igreja. Um dia, fiquei muito triste ao encontrá-lo embriagado. Percebi que o milagre o havia roubado de Deus, pois, naquele momento, ele não possuía estrutura para recebê-lo.

Há muitas pessoas no meio da crise, esperando por algo do Senhor: um casamento, um filho, um emprego e tantas outras coisas. Mas se Ele ainda não interveio, certamente é porque está preparando essas pessoas para receberem e viverem o milagre de forma madura e plena. O problema está em não discernir esse "estágio de maturação", e achar que Deus não se importa com nossa dor, ou mesmo que Ele não nos ama.

Para ficar mais claro o que estou querendo dizer, vou usar meu exemplo. Tenho um filho de sete anos de idade. Se ele me pedisse para dirigir meu carro, eu jamais entregaria as chaves em suas mãos. Isso não significa que eu não o ame. Todavia, nossa geração, por muitas vezes, pensa dessa forma. Hoje em dia, um simples "não" é suficiente para desviar um crente, pelo simples fato de ele não se sentir amado ao ser contrariado. Entretanto, na contramão daquilo que pensamos ou sentimos, Deus nos submete ao processo doloroso da espera e da correção em amor, porque Ele é amor (cf. 1 João 4.8) e corrige ao filho que ama (cf. Hebreus 12.6).

Ele sabe o que é melhor para nós e, mesmo quando não entendemos Sua resposta [que pode ser um "sim", um "não" ou um "espere"], o seu "não" nos impede de sermos destruídos pelos efeitos de escolhas e atitudes precipitadas. Por outro lado, quando Deus nos pede para esperar, pode ser um grande desafio à nossa natureza. No caso de emprestar o carro ao meu filho, por exemplo, o meu "não" estaria relacionado à espera, porque ele ainda não está pronto para arcar com as consequências de dirigir. No entanto, apenas no tempo certo, quando tiver idade, estatura, sabedoria e instrução suficientes, será recompensado.

Se hoje você passa por um momento de provação [deserto], tenha plena convicção de que Deus coloca nessa posição todos a quem Ele ama. Se você já esteve em um vale, sinta-se amado pelo Senhor. Durante esse período, Ele alinha nosso coração ao d'Ele para um novo tempo em nossas vidas. O texto de Lucas 3.22 prova como essa é uma realidade que se manifesta na vida de qualquer pessoa, e não foi diferente com o próprio Jesus:

> E o Espírito Santo desceu sobre Ele em forma corpórea, como pomba; e ouviu-se uma voz do céu, que dizia: **Tu és o meu Filho amado, em ti me comprazo**. (ACF – grifo do autor)

Deus declarou para o mundo inteiro ouvir, diante dos anjos e do Inferno, que Jesus era o Seu Filho Amado. Mas, logo em seguida, algo aconteceu:

> E Jesus, cheio do Espírito Santo, voltou do Jordão **e foi levado pelo Espírito ao deserto**. (Lucas 4.1 – ACF – grifo do autor)

Ao ler esses dois versículos, um questionamento pode surgir: por que Deus, após declarar Seu amor por Jesus, enviou-O ao deserto? Afinal, na mentalidade humana, associar uma manifestação de amor com um período de provação e dor talvez seja incompatível.

Inclusive, percebo que esse conflito existe no coração de alguns irmãos da Igreja brasileira, aqueles que foram muito influenciados pelo "evangelho da prosperidade e do bem-estar", por exemplo. Pessoas assim têm a tendência de associar o sofrimento ao mal, ou como fruto dos nossos pecados. Porém, muitas circunstâncias desconfortáveis são usadas por Deus para nos posicionar, corrigir e elevar. A prova disso é a vida de Jesus, que muito sofreu. Ele foi abandonado, traído, rejeitado pelos Seus e passou por momentos de extrema angústia (cf. Mateus 26.38), sendo condenado a morrer sozinho na cruz, longe de Seus discípulos. Ele sofreu emocionalmente, como também em Sua carne. Mas o mais interessante é que, mesmo em Seus últimos instantes de vida, Jesus trouxe salvação ao ladrão que foi crucificado ao Seu lado (cf. Lucas 23.43), pois entendeu aquele martírio como um propósito do Céu para a restauração da humanidade.

A respeito disso, a Bíblia nos ensina:

> É melhor sofrer por fazer o bem, se for da vontade de Deus, do que por fazer o mal. (1 Pedro 3.17)

Isso significa que eu e você podemos sofrer ao realizarmos a vontade de Deus e ao nos posicionarmos em Sua presença, mas não devemos esmorecer. Algo grande e poderoso nos espera! Mesmo se não entendermos o que o Senhor está fazendo por meio do sofrimento que estamos passando, podemos confiar n'Ele, já que a Sua Palavra declara:

"Pois os meus pensamentos não são os pensamentos de vocês, nem os seus caminhos são os meus caminhos", declara o SENHOR. "Assim como os céus são mais altos do que a terra, também os meus caminhos são mais altos do que os seus caminhos e os meus pensamentos mais altos do que os seus pensamentos". (Isaías 55.8-9)

Esses versículos nos alertam que tentar compreender a mente do Senhor e a maneira como Ele age é trabalhar em vão. Fazer isso é o mesmo que tentar colocá-lO dentro de uma caixa, imaginando o Seu agir de maneira previsível ou da forma como esperamos, de acordo com algum protocolo ou padrão que nós mesmos criamos. É como tentar fazer d'Ele um funcionário, e não o Deus Soberano. E é justamente por isso que Paulo, na carta aos romanos, faz a seguinte pergunta:

Quem conheceu a mente do Senhor? Ou quem foi seu conselheiro? (Romanos 11.34)

Nesse mesmo capítulo de Romanos, o apóstolo fica perplexo com a profundidade da riqueza, da sabedoria e do conhecimento de Deus (cf. v. 33). Ele havia entendido que o Senhor age da forma que deseja e faz as coisas do jeito que precisam ser feitas. Dessa maneira, se Ele precisa nos levar ao deserto, assim o fará, para cumprir a Sua obra e vontade em nossas vidas. No entanto, deve partir de nós a atitude de não rejeitar ou temer esse desafio, mas nos posicionarmos como pessoas que confiam por inteiro no Eterno.

TERMINAR BEM

O medo e a insegurança são muito comuns em situações que exigem confiança em territórios desconhecidos. Alguns cristãos sentem até mesmo aversão ao deserto, pois passar por ele requer sacrifícios de sua parte. Todos sabemos que isso envolve entregar coisas que nos custam. Porém, se confiarmos ao Senhor tudo que tem algum valor para nós, então Ele terá o controle absoluto para revolucionar nossas vidas.

Na Bíblia, percebemos vários exemplos de pessoas que tiveram suas existências transformadas porque passaram por muitos desertos, onde foram testados e aprovados. Nenhum homem ou mulher de Deus se tornou grande e relevante sem antes sacrificar sua própria vontade por meio desses momentos de aprendizado. E mais do que isso, eles resistiram à dor e às dificuldades, concluindo suas carreiras com honras. Esse é o resultado de sermos aprovados no deserto: terminar bem. Por isso, não importa como começamos nossas jornadas de amadurecimento, e sim a forma como vamos terminar essa caminhada com o Senhor, pois a Sua Palavra nos diz que o fim das coisas é melhor do que o começo delas (cf. Eclesiastes 7.8).

Um grande exemplo dessa verdade foi o apóstolo Paulo, que finalizou com êxito sua jornada com Deus e, ao final dela, manteve a fé intacta:

> Combati o bom combate, acabei a carreira, **guardei a fé**. (2 Timóteo 4.7 – ARC – grifo do autor)

Um dos maiores motivos pelo qual Paulo reforça esse princípio é que encontramos dentro das igrejas muitas pessoas começando bem. Elas estão animadas e empolgadas com o Novo Nascimento e a salvação, desejam se envolver com tudo o que diz respeito ao Corpo de Cristo, mas, após alguns meses, a maioria delas desiste, desacelera e alguns até voltam para sua antiga vida. O processo de permanecer, apesar das circunstâncias e tribulações, é difícil para todos os cristãos, já que exige o empenho num relacionamento com o Pai.

Diante disso, percebo que talvez o segredo de todos os irmãos que concluíram suas missões antes de nós fosse precisamente esse: não tirar os olhos de Jesus, cuja vida é nossa inspiração e modelo. Ele nos ensinou o quanto desistir de controlar as situações, mesmo quando o desespero quer tomar conta, é a melhor estratégia para vencer os desertos e persistir no propósito durante os momentos de pressão.

DEPENDÊNCIA DE DEUS

Nossa sobrevivência aos processos de Deus, sejam eles quais forem, está diretamente relacionada à dependência que temos d'Ele. O deserto, como bem sabemos, é lugar de dependência, pois se o Senhor não nos guiar, ficaremos completamente perdidos. Durante esse período, nossa atitude deve ser a de nos aproximarmos mais do nosso Deus, a fim de deixá-lO nos direcionar. Se isso não acontecer, andaremos em círculos e observaremos a mesma paisagem todos os dias.

Há muitos membros da Igreja acreditando ser dependentes de Deus, mas sequer cultivam um relacionamento com Ele. Entretanto, as etapas de transição entre ser apenas um membro de igreja e ser a própria Igreja de Cristo é uma experiência que só pode ser vivida através do Espírito Santo de Deus. E isso não vem da noite para o dia, como num passe de mágica, mas requer investimento e a construção de uma intimidade com Ele. O que nos torna cristãos autênticos é a dependência e o convívio diário com o Senhor. Caso contrário, morreremos no deserto. Por esse motivo, o salmista afirma o seguinte:

> Aquele que habita no esconderijo do Altíssimo, à sombra do Onipotente descansará. (Salmos 91.1 – ARC)

Habitar não é visitar ou correr para baixo do abrigo no meio da tempestade, e, sim, fazer morada, encontrar um lugar de descanso em Deus. Até porque, faz parte da natureza humana correr para Ele quando sua situação está péssima. Porém, quando tudo está bem, o Senhor é deixado de lado, como um simples objetivo útil em algumas situações. Se essa tem sido a sua postura em relação ao Criador, o melhor conselho que eu poderia lhe dar é: apresse-se em corrigi-la.

Para tanto, as Escrituras nos mostram diferentes formas de nos aprimorarmos como filhos maduros. Talvez, uma das mais essenciais seja entender, de uma vez por todas, o quanto fazemos parte de um Corpo, com diferentes membros e funções específicas (cf. 1 Coríntios 12.12). Compreender que não estamos sozinhos na caminhada remove todo tipo de autossuficiência e nos insere em um belo contexto: o da família. Além de nos escondermos em Deus, o deserto é o lugar perfeito para, de fato, alimentarmos a unidade, como ferramenta essencial para sobreviver.

Na minha passagem pelo deserto de Wadi Rum, conheci os beduínos, um povo muito antigo, vestido com roupas pesadas e que habita aquele terreno árido. Eles foram os responsáveis por servir toda a equipe que estava ali comigo, fazendo tudo com muita dedicação e carinho. Mas o que realmente me impressionou neles foi a sua habilidade de sobreviver ao deserto. E aqui não existe muito segredo, pois só haveria uma maneira de permanecerem por tanto tempo naquele lugar: unidos. Eles dependem e cuidam uns dos outros.

Ao observar essas pessoas, aprendi que ninguém passa pelo processo da espera no deserto solitário. Nós só saímos dessa condição guiados pelo Espírito Santo e com a ajuda dos nossos irmãos. Isso é o verdadeiro significado de ser Igreja: impulsionar aqueles que estão à nossa volta a ir adiante, para o melhor de Deus.

Assim, devemos persistir em vencer a dor do deserto e, em comunhão, profetizar a provisão que virá. É dessa forma que, um dia, todos, juntos, iremos morar no Céu.

Capítulo 7

VENCENDO A DOR E PROFETIZANDO O FUTURO

Jabez orou ao Deus de Israel: "Ah, abençoa-me e aumenta as minhas terras! Que a tua mão esteja comigo, guardando-me de males e livrando-me de dores". E Deus atendeu ao seu pedido.
(1 Crônicas 4.10)

Pouco se escreveu a respeito de Jabez. Em toda a Bíblia, apenas dois versículos contam sobre sua história (cf. 1 Crônicas 4.9-10). No entanto, mesmo em um trecho tão pequeno, temos algumas informações acerca desse homem, como o significado de seu nome: alguém que foi concebido em meio à dor. No contexto em que Jabez viveu, era um importante costume judaico dar nomes às pessoas de acordo com a circunstância de seu nascimento. E, por conta dessa tradição, algumas pessoas receberam nomes ruins, gerando maldições em suas vidas. O patriarca Jacó, por exemplo, recebeu esse nome por ter nascido agarrado ao pé de seu irmão Esaú, o que atribuiu a ele a índole de "enganador" (cf. Gênesis 25.26).

No entanto, apesar disso, a Bíblia diz que Jabez fez uma oração que mudou a sua vida (v. 10) e, por isso, passou a ser respeitado por sua família. Ele se destacou entre todas as pessoas apresentadas nas genealogias dos primeiros capítulos de 1 Crônicas, pois teve uma atitude diferente de todos os seus antepassados ao orar a Deus.

É claro que, tratando-se de uma descendência judaica, temos a noção de que todos eles eram influenciados pela presença do Senhor em sua cultura e história. Porém, se as Escrituras Sagradas fizeram uma pausa para falar sobre Jabez, então, talvez, esse seja um convite para que nós também aprendamos com ele.

Afinal, há um significado e uma simbologia por trás dessa pequena ênfase. Até agora, falamos muito sobre a importância de persistir no processo do deserto, do quanto precisamos continuar crendo independentemente da dor e do sofrimento, com os olhos fixos no milagre, contando sempre com a ajuda dos irmãos. Entretanto, sabemos que as coisas nem sempre acontecem como imaginamos ou queremos. Por mais que sejamos munidos com estratégias e maneiras de lidar com essa situação, pode parecer que, em nosso caso específico, as coisas se desenrolem de diferentes maneiras.

Olhando para a descrição de Jabez, vejo muitas semelhanças com essa realidade. Como muitos de nós, ele nasceu em um contexto difícil. No texto de Crônicas, percebemos que seu pai não é citado, revelando uma ausência dentro de seu lar. Por outro lado, ele decidiu romper com esse fator, pedindo ao Senhor Sua bênção, desconsiderando as circunstâncias contrárias. Como ele, nós também devemos profetizar a provisão em nossas vidas, independentemente do local onde estamos ou da herança recebida de nossos familiares [que, muitas vezes, são dores, traumas, pobreza e sofrimento].

Uma atitude que parece ser tão corriqueira para nós hoje foi o motivo de uma guinada na vida de Jabez. Mesmo sem perceber, ele estaria representando uma característica essencial a todos os servos de Deus, principalmente quando estamos sendo moldados por Ele: o ato de profetizar. Até porque a oração é uma das principais ferramentas para chamar à existência aquilo que nossos olhos ainda não podem enxergar, inclusive no deserto. Se assim como Jabez fizermos a oração correta, alinhados com a vontade do Senhor, as portas se abrirão e viveremos algo extraordinário. Foi Jesus quem disse:

> E tudo o que pedirem em oração, se crerem, vocês receberão.
> (Mateus 21.22)

Porém, o contrário também pode acontecer, como o apóstolo Tiago declarou:

Quando pedem, não recebem, pois pedem por motivos errados, para gastar em seus prazeres. (Tiago 4.3)

Esses dois versículos nos alertam a respeito de um problema comum quando estamos orando: não discernirmos o "tempo da oração". No caso de Jabez, vemos um homem que fez o pedido certo no momento oportuno. Entretanto, quando observamos a forma como temos orado, por muitas vezes, não temos realmente seguido esse exemplo. Isso, porque, na oração, nós precisamos falar, e também ouvir ao Senhor. E, ao escutá-lO, recebemos uma visão profética sobre nosso futuro, para declarar o melhor de Deus sobre nossas vidas. Como exemplo disso, o pastor e escritor americano, A. W. Tozer, fala um pouco sobre esse assunto, citando um grande homem de Deus:

> O Dr. Moody Stuart, um homem de oração, certa vez estabeleceu regras que o guiassem em suas orações. Entre essas regras, havia a seguinte: "Ore até orar de verdade". A diferença entre orar até o momento em que você para de orar e orar até você realmente orar é ilustrada pelo evangelista americano John Wesley Lee. Ele sempre comparava um período de oração com um culto na igreja, e insistia que muitos de nós terminamos a reunião antes do culto ter terminado. Ele confessou que certa vez saiu cedo demais de uma reunião de oração e foi indo por uma rua para cuidar de alguns negócios urgentes. Ele não tinha caminhado muito quando uma voz em seu interior o repreendeu. "Filho,"

– a voz parecia perguntar – "você pronunciou a bênção quando a reunião não havia ainda terminado?". Ele caiu em si e imediatamente voltou correndo ao lugar da reunião de oração, onde permaneceu até que toda a carga que sentia saiu e a bênção sobre si desceu.[1]

O que esses relatos nos mostram é que pedir por algo não é o suficiente para recebê-lo. Diante disso, precisamos aprender a pedir corretamente, tanto as coisas certas como na hora adequada. Assim, clamar ao Senhor por motivos errados é o mesmo que almejar coisas vazias de propósito. Quando o nosso desejo tem o objetivo de satisfazer apenas a nós mesmos, nossa intenção é carnal e egoísta.

Tenho entendido que Deus não abençoa pessoas simplesmente para fazê-las felizes. Se fosse assim, Ele se moveria por necessidades. No entanto, o Senhor se move por propósitos, essa é Sua motivação em nos responder. Se desejamos viver o Seu milagre em nossas vidas, devemos ter em mente a razão e o fim para esse milagre.

Nesse sentido, é interessante que façamos alguns questionamentos antes de pedirmos, como: "Por que desejo prosperar?", "Por que almejo passar naquele concurso?", "Por que quero casar e ter filhos?". Será que você e eu ansiamos por todas essas coisas para nos

---

[1] TOZER, A. W. **Este mundo**: lugar de lazer ou campo de batalha? Rio de Janeiro: Deprewan, 2000.

beneficiar ou por que há realmente uma finalidade divina em tudo isso?

ANA APRENDEU A LIÇÃO

Ana é um exemplo de alguém posicionado em favor de um propósito claro, mesmo durante um grande deserto existencial. Por muito tempo, ela foi conhecida por sua esterilidade e o profundo desejo de se tornar mãe. Além do próprio sofrimento gerado pela falta de filhos, Ana ainda sofria humilhações de Penina, a outra esposa de seu marido Elcana (cf. 1 Samuel 1.6-7), que a provocava continuamente a fim de irritá-la.

Apesar de muitos pedidos, Ana continuava sem filhos e cada vez mais angustiada. Contudo, a situação mudou quando ela deu um propósito ao seu desejo. Talvez, até então, Ana estivesse desejando um filho somente para suprir suas carências ou para provar à Penina que ela era capaz. Mas, no momento em que ela deu um sentido claro ao seu clamor, suas orações foram atendidas. Ela orou ao Senhor e disse:

> [...] Ó Senhor dos Exércitos, se tu deres atenção à humilhação de tua serva, te lembrares de mim e não te esqueceres de tua serva, mas lhe deres um filho, então **eu o dedicarei ao Senhor** por todos os dias de sua vida, e o seu cabelo e a sua barba nunca serão cortados. (1 Samuel 1.11 – grifo do autor)

Enfim, Ana encontrou um propósito. Deus precisava de um profeta e o povo de Israel também necessitava de alguém que fosse consagrado e vivesse na casa do Senhor. Ana também entendeu que o que Deus estava lhe entregando não era dela, mas d'Ele.

Então, logo que Ana decidiu consagrar aquele menino ao Senhor, Deus colocou Samuel em seu ventre. Depois de seu nascimento, o menino foi levado por sua mãe até o templo, para ser devolvido ao Senhor. Assim, Samuel cresceu debaixo dos ensinamentos do sacerdote Eli. Mais tarde, ele foi o profeta responsável por ungir Davi, o maior rei que Israel já teve.

Da mesma forma, devemos fazer nossas orações alinhadas à vontade de Deus. Quando entendermos isso, mudaremos as nossas prioridades, seremos cheios de sabedoria e oraremos da maneira certa. Tudo o que Ele coloca em nossas mãos não é "nosso", mas parte dos Seus planos na Terra. Ele apenas confia o Seu "Samuel" a nós [filhos, cônjuges, ideias e projetos] para que, através dele, possamos glorificar e honrar ao Seu Nome.

A história de Ana também nos traz um outro importante ensinamento. No instante em que começarmos a profetizar diante das adversidades e dos processos de amadurecimento, aparecerão as "Peninas". Para cada "Ana" que carrega uma promessa de Deus, existirá algo ou alguém que tentará impedir o milagre de acontecer. Podem ser pessoas, pecados, acusações ou situações específicas que nos distraem e querem ofuscar a voz do Senhor.

Logo, se temos uma promessa do Pai em nosso coração, devemos tomar cuidado com as "vozes exteriores". Infelizmente, o ruído de Penina estará sempre por aí, e se dermos atenção a ele, começaremos a duvidar da fidelidade de Deus. Esse espírito contrário é aquele que nos leva a certas hesitações, tais como: "Será que Deus está vendo o que estou passando?", "Estou me dedicando tanto a Deus e minha vida continua tão ruim!", "Será que Deus é comigo?", "Será que Ele está ouvindo minhas orações?".

Em geral, cometemos esse erro quando retiramos nossos olhos do propósito e esquecemos do chamado que nos motivou no início de nossas jornadas. Por isso, é tão importante que nossa memória seja sempre "refrescada" a respeito da promessa de Deus, ainda que nosso desejo seja ceder e desistir.

Agora, compreendendo um pouco melhor esse segredo sobre qual deve ser o foco de nossos pedidos ao Senhor, é possível ter uma visão mais ampla quanto à oração de Jabez. A partir daí, alguns detalhes interessantes que poderiam ser ignorados em uma primeira leitura desse texto ganham um novo sentido. Nesse ponto, podemos nos aprofundar mais ainda nas palavras proferidas por esse homem, que optou por ir na contramão da sua realidade.

A ORAÇÃO DE JABEZ: "ABENÇOA-ME"

Jabez orou ao Deus de Israel: "Ah, abençoa-me [...]".
(1 Crônicas 4.10)

Quando Deus começou a falar comigo a respeito de Jabez, a princípio, quis entender a razão de Ele ter destacado tanto esse texto no meu coração. Após refletir e orar sobre isso, o Senhor me respondeu: "Eu me agrado de pessoas ousadas, que acreditam no poder do sobrenatural". Jabez era ousado. Por outro lado, para muitos, orar pode parecer insignificante, mas a verdade é que somente pessoas ousadas oram.

Diante de uma dívida impagável, por exemplo, em que recebemos vários conselhos [ir ao banco ou a um agiota obter um empréstimo, vender bens materiais para juntar dinheiro etc.], os cristãos corajosos, antes de qualquer coisa, fecham a porta do seu quarto e oram a Deus, dizendo: "Senhor, antes de buscar qualquer solução, quero dizer que sei quem Tu és. Declaro que creio em Ti, o Deus do sobrenatural. Coloco diante do Senhor a minha causa, crendo que levantarás a Tua mão poderosa e abrirás a porta que está fechada!".

Analise se você é esse crente ousado que ora e vive coisas grandiosas. Perceba se o seu tempo é gasto em oração ou em diversas outras atividades. Precisamos nos lembrar de que Deus não quer ser a nossa última opção, mas a única. Se você é uma dessas pessoas que, assim como Jabez, deseja ser abençoado com um projeto sobrenatural, saiba que o Senhor é o único capaz de realizá-lo. Se Deus for a nossa prioridade, então podemos ter a certeza de que Ele também será o "nosso sócio". Afinal, causas milagrosas e sobrenaturais são a Sua especialidade.

Jabez teve ousadia para pedir pela bênção do Senhor. E ele não fez isso de forma egoísta, mas reconhecendo a sua dependência. Ele entendia que, de todas as fontes, o Senhor era quem merecia toda a sua confiança. Na mesma intensidade, quando clamamos por Sua bênção, pedimos por algo que não conseguimos com nosso próprio esforço. Sendo assim, devemos orar antes de fazer qualquer coisa ou tomar qualquer decisão, e não após já termos agido.

Até porque, muitas vezes, corremos o risco de pedir a Deus bênçãos sobre aquilo que não é da Sua vontade para nossas vidas. Isso também é pedir mal: desejar o que não pertence aos planos do Senhor para nós. Pelo contrário, cada anseio de nossos corações deve ser consagrado a Ele como primícia, pois essa é a chave para que sejamos bem-sucedidos (cf. Provérbios 16.3).

O nosso maior problema, mesmo depois de convertidos, é passarmos a maior parte de nossas vidas tomando decisões e pedindo para Deus abençoar aquilo que já decidimos fazer. Quando olhamos para Jesus, em Sua oração no Getsêmani, vemos uma atitude bem diferente desse comportamento:

[...] Meu Pai, se não for possível afastar de mim este cálice sem que eu o beba, **faça-se a tua vontade**. (Mateus 26.42 – grifo do autor)

Esse é o maior exemplo de um filho maduro, com identidade, vontade e preferências, mas que deixa tudo isso de lado, dando lugar para que o Senhor realize o Seu querer.

EU DESISTI DOS MEUS PLANOS

Como já mencionei, eu cresci na igreja e, como todo jovem cristão, eu namorava com o objetivo de me casar. Quando me apaixonava, logo corria até meu pai e lhe contava que havia encontrado a minha esposa. Mas, um dia, Deus falou comigo enquanto eu fazia um curso missionário na cidade de São Paulo. O Senhor pediu que eu rompesse com minha namorada na época, porque Ele disse que minha esposa estava pronta. Conversei com o meu pastor, oramos juntos e, quando retornei à minha cidade, terminei aquele relacionamento.

Depois de seis meses, conheci a Flávia, que já estava há cinco anos orando por um esposo. Um ano após nos conhecermos, nos casamos, e já estamos juntos há vinte anos. Flávia é a mãe dos meus filhos, a mulher com quem já atravessei muitos desertos! Ela celebrou muitas vitórias ao meu lado, mas também me levantou quando eu quis desistir. Foi o Senhor quem enviou minha esposa, para cuidar de mim e para que eu cuidasse dela, mas isso só aconteceu quando desisti dos meus planos para viver a vontade d'Ele.

Se desejamos viver milagres, então devemos morrer para os nossos desejos e vontades, e nascer para os sonhos de Deus. Não devemos nos mover por aquilo que queremos, pois, se assim fizermos, colheremos os frutos das nossas escolhas. Precisamos ser humildes e perguntar ao Senhor o que Ele planejou para nós, para não sofrermos com as consequências do orgulho ou da arrogância.

É importante, também, saber que quando optarmos por viver a vontade de Deus, Ele nos abençoará com a Sua provisão, poder e graça durante todos os dias de nossas vidas. Isso não é maravilhoso? Logo, não há motivos para temer, basta confiarmos totalmente no Senhor e abandonarmos nossa suposta sabedoria (cf. Provérbios 3.5).

A ORAÇÃO DE JABEZ: "AUMENTA AS MINHAS TERRAS"

> [...] e aumenta as minhas terras! (1 Crônicas 4.10)

O segundo pedido de Jabez é direcionado a algo material: sua propriedade. Esse aumento de terras diz respeito a oportunidades maiores. Jabez estava dizendo ao Senhor que já possuía um espaço, mas gostaria de ter mais, ou melhor, de ir além. Ele estava limitado por sua história e família, mas sabia que Deus era poderoso para abrir as portas fechadas.

Há algum tempo, enquanto eu dirigia ao lado do meu pai, paramos num semáforo, e logo um menino de cerca de nove anos se aproximou da nossa janela e nos pediu esmolas. Comecei a conversar com ele, já que tinha dúvidas se deveria dar ou não algum dinheiro. Eu pensava que poderia incentivar essa criança a ter um pensamento errado, encarando aquela ajuda como uma dependência e um incentivo a continuar naquela condição.

Saindo daquele lugar, meu pai me disse: "Para que uma criança como essa rompa com a sua realidade, é preciso ter muita força em seu interior, pois o seu passado é de miséria e pobreza. Será necessário que ela olhe para dentro de si e para o Senhor, e diga: 'Deus, aumenta as minhas terras!'".

Quando passamos pelos desertos da vida, infelizmente, coisas assim podem acontecer. Se você não passou por uma experiência como essa, com certeza, já conheceu alguém que passou por momentos de extrema necessidade, como era o caso daquela criança. Aliás, são muitos os irmãos que chegam à casa de Deus passando por vales e períodos de escassez. Entretanto, ainda que também sejamos atingidos pelos limites da vida, servimos a um Deus que elimina todos eles.

Mesmo que nossa família tenha nos dado uma herança ruim, de separação, brigas e ausência de amor, podemos, como Jabez, olhar para o Senhor e permitir que Ele remova os limites que nos impedem de avançar uma milha a mais – tudo é possível ao que crê (cf. Marcos 9.23). A bênção do Pai alcança todos os aspectos de nossas vidas: materiais, espirituais, físicos e familiares. Pensando nisso, devemos ser ousados quando pedirmos uma transformação naquilo que possuímos, pois o Senhor, segundo os Seus propósitos, tem o poder de alargar nossas posses muito além do que imaginamos.

A ORAÇÃO DE JABEZ: "QUE A TUA MÃO ESTEJA COMIGO"

> [...] Que a tua mão esteja comigo [...] (1 Crônicas 4.10)

A mão de Deus, no Antigo Testamento, representava o Seu cuidado e poder. No Novo Testamento, simboliza o toque do Espírito Santo e a Sua presença. Foi isso o que Jabez pediu na terceira parte de sua oração: que a presença de Deus estivesse com ele.

Perceba como o clamor de Jabez foi progressivo: ele, primeiramente, pediu pela bênção do Senhor; depois, por um aumento de espaço [afinal, Deus é Deus de medidas transbordantes, coisas grandiosas e sobrenaturais]. Logo em seguida, Ele também desejou a mão do Senhor sobre ele, para que fosse guardado de qualquer mal e, por fim, livre das dores do mundo. Ele orou dessa maneira porque sabia que, sem a presença de Deus, a bênção e o espaço maior se tornariam problemas. A mão do Senhor não só o abençoaria, mas seria seu guia na administração do que recebesse.

Nesse sentido, a "presença" se refere diretamente ao Espírito Santo de Deus. Portanto, existe uma condição primordial para carregá-la. Se desejamos essa presença, devemos honrá-la. É preciso entender que podemos entristecer o Espírito com o nosso pecado e desobediência (cf. Efésios 4.30). Dessa maneira, o convite para que o Senhor nos acompanhe é também um chamado para uma mudança radical, na qual deixamos para trás tudo aquilo que desagrada o Seu coração para vivermos conduzidos por Ele.

A mão do Senhor sobre nossas vidas nos traz responsabilidades, pois Deus espera que honremos o lugar onde Ele está. Não podemos abandonar nosso Pai celestial depois de recebermos a Sua bênção, como muitos cristãos agem. Mas devemos fazer o contrário, assim como fez Moisés, não aceitando a bênção se não tivermos também a presença de Deus.

Moisés andou com o povo de Israel por quarenta anos no deserto, rumo à Terra Prometida. Hoje, isso pode representar justamente o caminho que percorremos até o cumprimento de uma promessa, uma provisão que tanto esperamos ou a resposta do Senhor após anos de sofrimento. Porém, em determinado momento, Deus falou com ele, fazendo-lhe uma proposta:

[...] Saia deste lugar, com o povo que você tirou do Egito, e vá para a terra que prometi com juramento a Abraão, a Isaque e a Jacó, dizendo: "Eu a darei a seus descendentes". Mandarei à sua frente um anjo e expulsarei os cananeus, os amorreus, os hititas, os ferezeus, os heveus e os jebuseus. Vão para a terra onde manam leite e mel. **Mas eu não irei com vocês**, pois vocês são um povo obstinado, e eu poderia destruí-los no caminho. (Êxodo 33.1-3 – grifo do autor)

Essa passagem nos mostra que a teimosia provoca a ira de Deus. Precisamos tomar cuidado para não repetirmos o erro do povo no deserto, que sabia o que precisava ser feito, mas não fez, além de não terem se movido segundo a Palavra de Deus. O que pode acontecer conosco, se agirmos dessa forma, é o mesmo que aconteceu com eles: ainda que recebamos o milagre, podemos nos comportar de uma forma tão ingrata que o Senhor não deseje permanecer em nosso meio.

De que adianta termos tudo e não termos a presença de Deus? Possuir dinheiro e riquezas sem andar junto com o Pai é uma desgraça, além de ser doloroso e desgastante. A Bíblia diz que somente a bênção do Senhor enriquece e não traz dor alguma (cf. Provérbios 10.22).

Moisés sabia desses princípios e, então, respondeu ao Senhor: "[...] Se não fores conosco, não nos envies" (Êxodo 33.15). Ele não aceitou porções de terra ou anjos, porque, para ele, a Terra Prometida era o próprio Senhor. Moisés já havia caminhado por longos anos e já havia aprendido que sua promessa era a presença do próprio Deus. Ele estava decidido a não sair do lugar se o Senhor não fosse adiante dele.

A ORAÇÃO DE JABEZ: "GUARDANDO-ME DE MALES"

> [...] guardando-me de males [...] (1 Crônicas 4.10)

Jabez sabia que as aflições viriam sobre ele, seus bens e a sua família. Todos passamos pelo "dia mau", por isso, ele fez a oração de forma completa, pedindo por livramento, uma vida pacífica e tranquilidade.

Não sabemos qual será o dia da nossa morte, afinal a vida é como um sopro (cf. Salmos 144.4). Logo, precisamos desenvolver uma vida de gratidão, lembrando que as misericórdias do Senhor se renovam todas as manhãs (cf. Lamentações 3.22-23). Se estamos vivos, Deus ainda tem sonhos a realizar por meio de nós, porque vive apenas quem tem um propósito!

Dessa forma, enquanto passamos pelo deserto, é muito importante superarmos a dor por meio daquilo que profetizamos. Se não formos persistentes nessa atitude, aquilo que era aprendizado pode se tornar motivo de sofrimento. Pior ainda, podemos começar a enxergar as provações como um canal pelo qual Deus está nos punindo por nossos erros e pecados.

Entretanto, quando pedimos que Ele nos livre de todo o mal, também estamos orando para que todo pensamento contrário seja aniquilado de nossas mentes. Pode parecer estranho, mas, muitas vezes, nossas ideias e concepções são responsáveis pelas brechas em nossas vidas. Todavia, a armadura de Deus é a única capaz de nos blindar de quaisquer ataques, tanto exteriores, quanto interiores. A proteção do Senhor nos guarda de todos os lados!

A ORAÇÃO DE JABEZ: "LIVRANDO-ME DE DORES"

[...] e livrando-me de dores. (1 Crônicas 4.10)

Ao final de sua oração, Jabez pediu que o Senhor o livrasse das dores, e ele foi atendido. A sua oração superou o seu próprio nome [dor], transformando-se em alegria! A respeito disso, creio que não haja muito mais a dizer, porém, olhando para o resultado desse simples pedido feito por aquele homem, podemos retirar uma importante lição: cada vez que Deus responde às nossas orações, devemos nos enraizar ainda mais em Sua presença. Quanto mais alto for o lugar em que o Senhor nos colocar, mais profundo precisaremos ir n'Ele. Creio que foi isso o que aconteceu com Jabez.

A DOR QUE JESUS TRANSFORMOU

Na história de Jabez, vemos que nada teria acontecido sem que um passo fosse dado. Costumo dizer que todo milagre possui dois lados: a parte do homem e a de Deus. Isso significa que, para que algo aconteça, o homem precisa fazer tudo o que diz respeito a ele. Só depois, Deus entrará em ação, de forma sobrenatural.

Quando observamos a vida de Jairo, por exemplo, vemos um pai desesperado em busca da solução para o problema de sua filha (cf. Marcos 5.22). Ele deixa de lado sua posição social para pedir a ajuda de Jesus, demonstrando sua necessidade e sendo vulnerável. Somente após algumas horas, o Senhor vai à casa do dirigente de sinagoga e se depara com uma situação terrível.

Chegando lá, Ele encontrou todas as pessoas da casa chorando. Então disse a eles que a menina não estava morta, mas dormindo (cf. Marcos 5.39), o que fez com que os que estavam presentes naquele momento rissem de Suas palavras. Naquele cenário, por que Jesus diria algo assim, se a menina, de fato, estava morta? A resposta é clara: para Deus, só há morte quando Ele a determinar.

Da mesma maneira, em nossas vidas, podem existir algumas áreas que determinamos como mortas, mas Jesus tem o poder de ressurreição e pode restaurar qualquer situação, seja ela o nosso casamento, nossa fé ou nossas feridas, causadas pelos maus testemunhos, traumas ou por líderes que nos decepcionaram. Existem ainda pessoas que se sentem feridas por Deus, pois, segundo elas, Ele não agiu de acordo com o que esperavam. No entanto, precisamos entender que aquilo que pensamos ser doloroso para nós, para o Senhor é sabedoria. Talvez, em nossos momentos de maior agonia, Deus pode estar nos entregando ministérios, nos dando a força necessária para resistir e a graça para nos manter escalando níveis mais altos. Por isso, devemos enxergar as coisas com os olhos do nosso Pai. Quem sabe não é nas circunstâncias mais improváveis que o Senhor pode aparecer e transformar tudo em nossa volta. O Mestre decidiu interferir na situação de Jairo e sua família. Ele pediu que todos saíssem da casa, entrou onde se encontrava a criança e declarou vida sobre ela (cf. v. 41-42). Imediatamente, a menina se levantou e começou a andar. Onde Cristo está, não importa o ambiente, seja de fé ou incredulidade, milagres acontecerão! Assim sendo, precisamos que o altar de nossos corações seja restaurado para sempre estarmos disponíveis ao que Ele deseja fazer.

A SINCRONIA QUE GERA MILAGRES

Milagres acontecem quando o coração do Homem corresponde ao desejo do coração de Deus. Coisas extraordinárias ocorrem quando entendemos que aquilo que sonhamos pode ser também uma resposta ao clamor do coração do nosso Pai para uma geração!

Você está pedindo ao Senhor que faça de você um médico? Talvez Ele o envie à África para realizar a Sua missão. Tem pedido ao Senhor para se tornar um juiz? Talvez causas importantes sejam colocadas sob sua responsabilidade e debaixo do seu martelo, a fim de que você libere os decretos divinos para a sua nação. Está clamando ao Senhor por um filho? Pode ser que Ele entregue essa criança para que você a ensine sobre os caminhos de Deus e, quem sabe, esse menino ou menina não será o(a) responsável por elevar o nome do Senhor e restaurar os altares de adoração ao Deus de Israel em algum lugar que necessite disso.

É muito importante compreender que os milagres acontecem quando o coração do Homem decide sonhar os sonhos de Deus. Por essa razão, reflita novamente nestas perguntas: "Para que você deseja esse Samuel?", "Para que você quer ser abençoado?", "Para que deseja que suas tendas aumentem?", "Para que você tem buscado sabedoria?" e "Para que tem desejado dinheiro?". Se for apenas para seu próprio benefício, Deus não o atenderá. Encontre o propósito e, consequentemente, o Senhor realizará seus sonhos.

A partir do momento em que a nossa oração entrar em concordância com o coração de Deus, coisas extraordinárias acontecerão! Se desejamos viver dias abençoados, devemos começar a analisar e prestar atenção às nossas orações e perceber se o que temos pedido a Deus possui algum propósito. É necessário permitir que o Senhor transforme o nosso coração para que, assim, Ele possa se mover em nós e por meio de nós.

Capítulo 8

CONSEQUÊNCIAS DO PROCESSO

Mas aqueles que esperam no Senhor renovam as suas forças. Voam alto como águias; correm e não ficam exaustos, andam e não se cansam.
(Isaías 40.31)

Após tantos aprendizados, sofrimentos e mudanças ocorridas durante o deserto, chegamos à reta final. Nesse momento, começamos a vislumbrar o resultado do desconforto da última estação e suas consequências diretas em nossas vidas. Assim como o cego de Betsaida, passamos por diversas etapas que provaram nosso caráter e confiança no Senhor. O vento que soprava com tanta intensidade passa a diminuir e começamos a enxergar o lugar que Deus queria nos levar, ao mesmo tempo em que entendemos muitas das turbulências pelas quais passamos. Agora, o milagre está em nossas mãos e esse é o instante em que devemos fazer uma pausa, olhar ao redor e ter um período de reflexão a respeito das consequências desse processo.

Entre todos os efeitos do deserto, acredito que o melhor deles seja a liberdade. Simbolicamente, a cura daquele cego representa algo extraordinário para nós. Um homem que passou toda a sua vida na escuridão, decidiu dar um passo de fé e confiar na única pessoa que poderia mudar sua situação. Essa atitude abriu os seus olhos para o mundo que o cercava e restaurou em seu interior o maior presente que o Pai concedeu a todos nós: sermos livres.

Por toda a Bíblia, encontramos histórias como a desse cego, demonstrando como Deus verdadeiramente se preocupa com Seu povo. A liberdade é um fator inegociável para Ele, dando ao Homem a capacidade de fazer suas escolhas e conhecê-lO sem uma imposição. Ter as correntes do medo, do pecado e da morte quebradas é essencial para que sejamos vitoriosos ao fim do processo. Entretanto, esses benefícios só são válidos quando fazemos o exercício de relembrar as lições que nos levaram a eles. Para tanto, o Criador nos entrega algumas ferramentas que sempre nos apontarão para o processo.

"FAZEI EM MEMÓRIA DE MIM"

Já falamos um pouco a respeito da passagem dos hebreus pelo deserto depois de terem saído do Egito. Porém, algo interessante nesse episódio aconteceu antes mesmo que eles fossem libertos. O Senhor havia estabelecido, nos instantes finais do Seu povo dentro do cativeiro, um memorial para toda a história da cultura judaica, e que é celebrado até os dias de hoje: a Páscoa. Em outras palavras, Deus estava marcando aquelas pessoas e todas as gerações que viriam depois com uma lembrança a respeito do que Ele havia feito por cada um deles.

Observando o conceito da Páscoa nas Escrituras Sagradas, entendemos que existem duas celebrações. A primeira pode ser descrita como a "Páscoa de Moisés" (cf. Êxodo 12), e aconteceu na noite em que o juízo de Deus passou pelo Egito e ceifou a vida de todos os primogênitos que ali habitavam. Apenas aqueles cujas casas tinham os umbrais das portas aspergidos com sangue de um cordeiro, como Deus havia instruído que fizessem, foram poupados. Quando, enfim, o Senhor executa essa última praga contra os egípcios, Seu povo é liberto e sai em direção à nova terra: Canaã.

A segunda Páscoa, a "Páscoa de Jesus", é uma das passagens mais relevantes dentro dos Evangelhos e um outro memorial estabelecido pelo Mestre horas antes de Sua morte, que foi a Ceia do Senhor. Durante essa celebração, Jesus fala a respeito do pão e do vinho (carne e sangue), fazendo uma referência direta ao propósito daquela reunião e de Sua vinda:

> E disse-lhes: "Desejei ansiosamente comer esta Páscoa com vocês antes de sofrer. Pois eu lhes digo: Não comerei dela novamente até que se cumpra no Reino de Deus".
> (Lucas 22.15-16)

Nessas poucas palavras, Cristo aponta para a Páscoa de Êxodo 12, mostrando-nos como tudo aquilo simbolizava um sacrifício muito maior. O que as Escrituras profetizavam, e Jesus agora testificava, era que havia chegado o momento em que o cordeiro que seria morto já não seria um animal. Antes mesmo que o ministério do Nazareno começasse, João Batista, ao vê--lO nas margens do Jordão para ser batizado, diz que Ele era "o Cordeiro de Deus, que tira o pecado do mundo" (cf. João 1.29). Não seriam mais os filhos dos inimigos nem um primogênito qualquer que morreria para dar liberdade a um povo, mas, sim, o Filho Unigênito de Deus que Se entregaria em favor de toda a humanidade.

A Bíblia é muito profética! Todo o Antigo Testamento constrói fundamentos para o Novo. Uma aliança prepara o povo para a outra. E tudo o que estava acontecendo na Páscoa dos hebreus revelava o sacrifício de Jesus, o Cordeiro Santo, por todos os nossos pecados. Isso é maravilhoso! Percebemos como o plano de redenção foi detalhado por Deus desde o princípio, e como Ele é preciso em tudo o que faz e nada foge dos Seus propósitos. Nesse sentido, quando olhamos para os desertos de nossas vidas, encontramos muitas similaridades.

Jesus veio não somente para nos despertar de uma cegueira espiritual ou passar os processos que conduzem ao milagre conosco. Como Cordeiro de Deus, Ele também veio nos libertar de um Egito [o

Mundo]. Nesse lugar, nossa escravidão não era apenas circunstancial ou física, mas também envolvia nossos pensamentos, filosofias e necessidades desse tempo. O apóstolo Paulo fala um pouco sobre essa sujeição aos caminhos maus em Romanos 7:

> Sei que nada de bom habita em mim, isto é, em minha carne. Porque tenho o desejo de fazer o que é bom, mas não consigo realizá-lo. Pois o que faço não é o bem que desejo, mas o mal que não quero fazer, esse eu continuo fazendo. Ora, se faço o que não quero, já não sou eu quem o faz, mas o pecado que habita em mim. Assim, encontro esta lei que atua em mim: Quando quero fazer o bem, o mal está junto a mim. Pois, no íntimo do meu ser tenho prazer na lei de Deus; mas vejo outra lei atuando nos membros do meu corpo, guerreando contra a lei da minha mente, tornando-me prisioneiro da lei do pecado que atua em meus membros. Miserável homem eu que sou! Quem me libertará do corpo sujeito a esta morte? (vs. 18-24)

Portanto, a liberdade de Cristo quebra de uma vez por todas esse jugo. Essa dádiva é a maior de todas, pois é histórica, social, cultural, política, e atinge os níveis mais profundos de opressão e pobreza. Mais do que isso, ela não está restrita à nossa vida terrena, mas nos acompanha durante o vale e os processos, até que possamos colocar os nossos pés na Terra Prometida, no Céu, na presença do Deus Eterno.

Talvez, durante a sua passagem pelo deserto, você tenha se deparado justamente com essa liberdade. Na mesma intensidade que as provas aperfeiçoavam o seu caráter, você teve certeza do quanto sairia mais forte de lá, pois algo novo era gerado no seu interior. Mesmo assim, não podemos nos iludir com esses momentos de êxtase. O povo que saiu do Egito é uma prova cabal do quanto demonstrações de poder sem arrependimento e dependência podem ser totalmente irrelevantes. Eles recebiam maná do Céu, tinham uma nuvem que os acompanhava de dia e uma coluna de fogo à noite e, mesmo assim, demonstravam sua rebeldia sempre que encontravam uma abertura. No fim das contas, podemos estar libertos e junto a Deus pelo deserto, e ainda assim sermos ingratos. No entanto, apenas aqueles que refletem sobre a liberdade e aplicam os resultados do processo sendo fiéis e sábios é que são aprovados.

Quem sabe por isso a Páscoa e a Ceia sejam momentos tão singulares, tanto para judeus ou cristãos, pois nos retiram da rotina comum de cultos e religiosidade, fazendo-nos relembrar daquilo que um dia nos atraiu e motivou a persistir nos processos. Infelizmente, é assim que muitos se encontram quando terminam sua passagem pelo deserto. Por isso, refrescar a memória e absorver com excelência tudo o que foi aprendido é tão importante.

Através dessa autoanálise, nos desertos e no decorrer da vida cristã, o Senhor nos impulsiona, minando os sentimentos contrários e o desânimo. Por falta desse simples exercício, muitos irmãos, depois de anos no cristianismo, começam a se questionar a respeito do futuro. Com o tempo, os amadurecimentos parecem perder o sentido e muitos acabam enxergando apenas a dor e o sofrimento. Lembro-me de vários momentos em que, após passar pela escassez e dificuldade, questionava a mim mesmo: "O que é que eu ainda faço aqui?", "Por que eu ainda vou à igreja?" ou "Por que eu ainda leio a Bíblia?".

Quem sabe uma breve reflexão após o deserto não seja o suficiente para nos prevenir dessas dúvidas. O fim de um amadurecimento é a oportunidade perfeita para retornar ao início. Como já conversamos em capítulos anteriores, a necessidade de alimentar o primeiro amor é essencial. E isso não vale apenas para os períodos de aprendizagem, mas para toda a nossa caminhada. Porém, quando a provação chega ao fim, é mais do que crucial que recarreguemos as baterias. Afinal, mesmo que sejamos filhos de Deus, ainda somos feitos de carne e osso.

Talvez essa seja a hora de simplesmente descansar. Ouvir uma boa música, gastar tempo lendo a Bíblia [e outras boas leituras], assistir alguma série com a família e/ou os amigos, passar um tempo orando e criando intimidade com o Pai, entre tantas outras atividades revigorantes. Como sabemos, os desertos sempre existirão e, somente quando estamos descansados e somos sustentados pelo Senhor, poderemos superá-los e, com isso, crescermos em graça.

CANSAÇO E EXAUSTÃO

É totalmente compreensível ficarmos cansados depois de uma grande batalha. Todavia, não podemos sucumbir à exaustão. Apesar de parecerem palavras com o mesmo sentido, cansaço e exaustão são sentimentos muito diferentes. Enquanto o cansaço é algo corriqueiro e pode acontecer com qualquer pessoa que trabalha bastante ou pratica exercícios físicos, a exaustão vai um pouco além. Podemos compará-la a um esgotamento total, em que todas as forças se vão e a fadiga toma conta. É o momento em que as tentações podem se acentuar e a vontade de ceder ao pecado parece irresistível.

Você já se sentiu assim? Esse é o poder da exaustão, criando brechas ou, até mesmo, reabrindo feridas e covas que já haviam sido fechadas em nossas vidas. Vícios, traumas, dores internas causadas por traições e abusos podem voltar precisamente quando nos encontramos mais debilitados. Dessa maneira, percebemos como o momento pós-deserto é tão decisivo, como um "teste final".

Imagine o fim do deserto como o término de um tratamento contra uma doença. Mesmo se tratando de realidades tão diferentes, sabemos que muitas enfermidades, assim como o deserto, levam certo tempo para serem superadas. Em casos como a gripe, em que, muitas vezes, precisamos fazer uso de antibióticos, as etapas devem ser obedecidas com atenção. Tomar o remédio no prazo estipulado pelo médico e no horário correto são as melhores maneiras de combater o vírus que se instalou em nosso organismo. Por outro lado, se decidirmos fazer as coisas da nossa maneira e interrompermos o tratamento no meio do caminho, as consequências não serão nada boas.

Quantas pessoas com um potencial extraordinário na obra de Deus se perdem nesse ponto da jornada. Homens e mulheres que superaram situações delicadas e desesperadoras, mas que não aguentaram o cansaço, e logo foram acometidas pela exaustão. Depois de grandes crises, ainda que as coisas comecem a melhorar, podemos cair nesse erro e desistir a poucos metros do milagre e do crescimento. Sobre isso a Bíblia nos assegura:

> Não sobreveio a vocês tentação que não fosse comum aos homens. E Deus é fiel; ele não permitirá que vocês sejam tentados além do que podem suportar. Mas, quando forem tentados, ele lhes providenciará um escape, para que o possam suportar. (1 Coríntios 10.13)

Tenha em mente esta verdade: o mesmo Deus que nos chama e nos acompanha pelo vale estará conosco até a linha de chegada. Se o Senhor permitiu que passássemos por provações e tentações, é porque

Ele nos conhece profundamente, e depositou em nós a força necessária para suportar o pecado, a exaustão e qualquer outra dificuldade que apareça durante a caminhada. Mesmo a morte, o inimigo mais provável que poderia nos parar, foi derrotado pelo Seu poder. Não há motivos para temer ou paralisar a alguns passos da vitória! Veja o que diz Mateus 28:

> Depois do sábado, tendo começado o primeiro dia da semana, Maria Madalena e a outra Maria foram ver o sepulcro. E eis que sobreveio um grande terremoto, pois um anjo do Senhor desceu do céu e, chegando ao sepulcro, rolou a pedra da entrada e assentou-se sobre ela. Sua aparência era como um relâmpago, e suas vestes eram brancas como a neve. Os guardas tremeram de medo e ficaram como mortos. O anjo disse às mulheres: "**Não tenham medo!** Sei que vocês estão procurando Jesus, que foi crucificado. **Ele não está aqui; ressuscitou, como tinha dito**. Venham ver o lugar onde ele jazia". (vs. 1-6 – grifo do autor)

Jesus está vivo! E porque Ele vive, podemos crer no amanhã e permanecer confiando na promessa até o fim. Foi isso que o anjo disse às mulheres: "Não tenham medo! Não tenham medo! Ele está vivo! Ele ressuscitou!". O processo pode trazer um pouco de medo. As coisas sobrenaturais que Deus faz podem, sim, gerar temor em nossos corações. O mundo em que vivemos está repleto de aflições, porém o Mestre disse:

"[...] contudo, tenham ânimo! Eu venci o mundo" (João 16.33).

A MORTE DA MORTE

É aceitando a nossa identidade de filhos vitoriosos que devemos celebrar a vida em Cristo no fim do deserto. Até porque, n'Ele só existe vida, e vida em abundância. A morte foi destruída e não tem mais poder sobre aqueles que aceitam a Sua salvação. Porém, antes da vitória da cruz, a história era bem diferente. A nossa maior escravidão era a morte como fruto do pecado da humanidade. Uma vez perguntaram para Chico Anysio, famoso comediante brasileiro, quando já estava bem idoso, se ele tinha medo de morrer. Ele disse: "Tenho pena, não medo".[1] Afinal, é tão bom viver!

Não existe lado bonito na morte. Ela é ruim, é nossa inimiga, e deve ser odiada e nunca amada ou aceita. Não podemos romantizá-la como um rito de passagem, pois ela é uma ferida aberta dentro do Homem; uma maldição que, por muito tempo, nos impediu de viver a plenitude do Pai. Nós não fomos criados para morrer, porém fomos condenados a esse destino pela desobediência ao Senhor. Dentro de

---

[1] **"Tenho pena de morrer, não medo", diz Chico Anysio.** Terra, 28 de agosto de 2011. Disponível em: *https://www.terra.com.br/diversao/gente/ tenho-pena-de-morrer-nao-medo-diz-chico-anysio,65c5f286a945a310Vgn CLD200000bbcceb0aRCRD.html*. Acesso em maio de 2020.

nós, existe um clamor pela eternidade, uma ânsia por romper com essa realidade material e continuar a nossa existência. Essa é a essência de Deus dentro de cada um.

C. S. Lewis, um escritor que eu admiro e amo muito, disse o seguinte:

> Se descubro em mim um desejo que nenhuma experiência deste mundo pode satisfazer, a explicação mais provável é que fui criado para um outro mundo. Se nenhum dos prazeres terrenos satisfaz esse desejo, isso não prova que o universo é uma tremenda enganação. Provavelmente, esses prazeres não existem para satisfazer esse desejo, mas só para despertá-lo e sugerir a verdadeira satisfação. Se assim for, tenho de tomar cuidado, por um lado, para nunca desprezar as bênçãos terrenas nem deixar de ser grato por elas; por outro, para nunca tomá-las pelo "algo a mais" do qual são apenas a cópia, o eco ou a miragem.[2]

A vida na Terra é somente um ensaio daquilo que está no por vir. Deus sempre teve propósitos eternos para nós. Ele não quer nos transformar em anjos, mas deseja nos glorificar na eternidade. Você e eu fomos criados para outro mundo, a Bíblia nos promete Novos Céus, Nova Terra e uma nova vida pelos séculos dos séculos com Ele.

Ainda que chegue o tempo em que nossa vida terrena termine, para um verdadeiro cristão, não há

---

[2] LEWIS, C. S. **Cristianismo puro e simples**. São Paulo: WMF Martins Fontes, 2009.

temor, não há medo da morte. Nós podemos olhar para a morte em qualquer lugar e dizer: "Você perdeu, pode começar a recuar, pois Jesus venceu a morte e Ele ressuscitou". A Bíblia diz: "Morte, onde está a sua vitória?" (1 Coríntios 15.55). Ou melhor: "Onde você está? Você que destruiu a tantos? Você que era imparável e agora foi vencida pelo Cordeiro de Deus. Ei, Morte, onde está a sua vitória? Onde está a sua força? Onde está o seu aguilhão?". Por isso, para nós, viver deve ser como desfrutar de um presente de Deus. Se passamos pelo deserto e continuamos de pé, devemos crer que a vida d'Ele habita em nós.

Fico espantado ao constatar que muitos de nós ainda não compreenderam essa verdade. Para esses, eu pergunto: "Teria algum sentido em Deus nos colocar em desertos, aprimorar, usar e, depois disso tudo, nos abandonar nas garras da morte?". De jeito nenhum! A Igreja do Senhor é imparável, nada pode nos deter: nem angústia, nem espada, nem nudez, nem fome, nem morte, porque Jesus venceu a morte por nós (cf. Romanos 8.35-39).

HUMANOS DE VERDADE

É claro que nossos olhos, a partir de cada novo amadurecimento, tornam-se cada vez mais voltados para o Céu. No entanto, essas promessas são ainda mais válidas aqui. Compreenda: a eternidade é um lugar de perfeição, em que as dores deste mundo ficarão para trás. Dessa forma, o momento para utilizar as armas que ganhamos em cada deserto é agora. Na minha opinião, ter essa consciência nos torna seres espirituais, todavia também nos tornamos, na mesma medida, humanos de verdade.

Afinal, para muitas pessoas, receber a Cristo é quase como perder a humanidade. Na cabeça de alguns irmãos, eles são tão espirituais que este mundo passa a não prestar mais. Assim, vale a pena abandonar a família, deixar os amigos de lado, pois é como se estivessem um nível acima deles. Mas a morte de Jesus e todos os processos pelos quais passamos não foram feitos para nos transformar em "supercrentes". Na verdade, quanto mais nos deparamos com o caráter de Cristo, mais nos convencemos do quanto somos pequenos e, de fato, "humanizados".

Por fim, creio que mais uma consequência do processo seja entendermos quem somos: filhos amados, aceitos pela graça de Deus e, também, seres humanos. Jesus ressuscitou para nos fazer entender que somos eternos, e não para colocar a eternidade dentro de nós. Ele nos criou para sermos "nem menos, nem mais" do que somos. Ainda que nossa condição humana seja limitada, não devemos temer o que virá, e parar de andar com medo. O medo é uma fé contrária, é achar que Deus saiu do Seu trono e diminuir o Seu projeto em nossas vidas.

Portanto, nossa única função como Sua criação é amar ao próximo e deixar a humildade d'Ele nos preencher todos os dias. Em 1 Coríntios 15.19-21, o apóstolo Paulo chama a nossa atenção:

> Se é somente para esta vida que temos esperança em Cristo, somos, de todos os homens, os mais dignos de compaixão. Mas de fato Cristo ressuscitou dentre os mortos, sendo ele as primícias entre aqueles que dormiram. Visto que a morte veio por meio de um só homem, também a ressurreição dos mortos veio por meio de um só homem.

Em outras palavras, Paulo nos diz: "Não podemos esperar em Cristo somente nesta vida. E se O esperamos somente para a resolução dos nossos problemas, das nossas dores e crises, somos os mais miseráveis de todos os homens. Pois tratamos Jesus como qualquer outro deus, para quem as pessoas fazem oferendas e promessas". Os resultados do deserto são as ferramentas que Ele nos dá para que transformemos a nossa realidade e chamemos a atenção daqueles que também precisam passar pelo mesmo processo.

Capítulo 9

MARCAS DO AMADURECIMENTO

Sem mais, que ninguém me perturbe, pois trago em meu corpo as marcas de Jesus. (Gálatas 6.17)

Ao compreender as consequências do deserto em nossas vidas, chegamos, enfim, a uma pergunta crucial: qual é a melhor forma de provarmos que, de fato, os processos de Deus geraram algum tipo de resultado? Creio que, entre tantos indicativos, a mudança pode ser observada, principalmente, quando carregamos as marcas do amadurecimento em nós. Na verdade, elas são os únicos sinais palpáveis de transformação na vida de qualquer pessoa. Jesus foi muito claro quando falou sobre essa questão:

> Eu sou a videira; vocês são os ramos. Se alguém permanecer em mim e eu nele, esse dá muito fruto; pois sem mim vocês não podem fazer coisa alguma. Se alguém não permanecer

em mim, será como o ramo que é jogado fora e seca. Tais ramos são apanhados, lançados ao fogo e queimados. (João 15.5-6)

Sendo assim, é imprescindível que, após passarmos por um período de amadurecimento, estejamos firmados nas convicções que Deus nos revelou durante esse tempo. O Mestre foi claro na passagem acima: só podemos dar frutos se estivermos n'Ele. Em outras palavras, ramos que decidem viver longe da Videira são incapazes de frutificar, e muito menos sobreviver. Portanto, a necessidade de provarmos nosso crescimento por meio da permanência nos caminhos do Senhor é essencial.

Digo isso porque é muito comum que alguns processos nos distanciem da nossa realidade, formando em nossas mentes imagens daquilo que não somos. Isso significa que apesar de o aprimoramento ser uma peça fundamental da vida cristã, quando não temos nosso coração no lugar certo, damos vasão para que a soberba e o orgulho possam florescer. Com o tempo, as responsabilidades e o *status* adquiridos, muitos podem se esquecer do lugar de onde saíram e até abandoná-lo.

Imagine, por exemplo, se um macaco se revoltasse contra o seu bando por se sentir superior e decidisse viver sozinho. A dureza de uma vida fora do bando, cercado pela natureza selvagem, pode, até certo ponto, fazer o animal se desenvolver ou sentir-se em liberdade. Porém, com o decorrer dos dias, a saudade da proteção de outrora só aumentará. Quem sabe predadores surjam? Sem outros semelhantes que possam guardá-lo, o que será desse macaco? Somente o entendimento de que a vida em comunidade é muito mais segura e tranquila poderão fazê-lo se arrepender e retornar à sua origem.

Da mesma forma, o deserto deve, sim, nos libertar de velhos hábitos, mas sempre conservando em nós a submissão ao Pai e nossa dependência d'Ele, além da comunhão com Sua Igreja. Não pense que amadurecer nos transforma em "lobos solitários". Aliás, uma ideia não anula a outra. Na verdade, quanto mais crescemos em graça, mais percebemos como é impossível fazer alguma coisa sem Deus. Diferentemente do conceito que o mundo prega, no Reino de Deus nos tornamos filhos experientes quando entendemos a necessidade de estarmos ligados ao Criador em todo o tempo.

Como Jesus ressalta em João 15, quando estamos conectados à nossa fonte – o Senhor –, nos transformamos em ramos frutíferos. E Cristo é o maior exemplo desse princípio absoluto. Desde o início de Seu ministério, Ele evidenciava essa necessidade na vida de qualquer um que desejasse se entregar ao Pai por inteiro. Jesus passou pelas fases do aprimoramento e os testes do deserto. O Espírito Santo esteve com Ele em todo tempo, e as obras consumadas durante o período em que esteve na Terra são uma prova da Sua unidade com os propósitos e a mente do Pai.

UM EXEMPLO SINGULAR

Colocando Jesus como nosso maior exemplo de relacionamento e intimidade com Deus, podemos tirar importantes lições. E isso vale não somente para a temporada que passamos no deserto, mas para a administração daquilo que recebemos nesse tempo. A Bíblia nos diz que Cristo iniciou o Seu ministério com trinta anos (cf. Lucas 3.23), o que nos aponta para um tempo de preparação e experimentação. Sem rejeitar esse período, conhecendo mais sobre a Sua natureza divina e a vontade do Pai para Sua vida, Jesus nos mostra como os milagres e prodígios que fez refletiam as marcas daquilo que Ele recebeu durante toda a Sua existência.

Mesmo tendo um destino traçado desde o Seu nascimento, Cristo não escapou de nenhuma etapa de aprendizagem. Como alguém criado no contexto judaico, Ele foi orientado desde pequeno por Seus pais sobre a relevância da Lei em Sua cultura e o temor ao Senhor. A Palavra de Deus nos afirma que, quando Jesus tinha doze anos, durante uma festa de Páscoa, Ele e Seus pais foram a Jerusalém. Porém, ao retornar para casa, José e Maria percebem que o menino não estava entre eles. Após três dias de procura, eles encontram a Criança sentada junto aos mestres do templo, ouvindo e fazendo perguntas (cf. Lucas 2.42). Apesar da pouca idade, Jesus já despertava a atenção de pessoas muito sábias, demonstrando uma curiosidade pelas coisas de Deus.

As Escrituras não nos dão muitos detalhes a respeito desse período da vida de Jesus, que compreende boa parte de Sua infância, adolescência e começo da fase adulta. Entretanto, levando em conta esses poucos indicativos anteriores, é possível notar uma pessoa que sempre esteve disposta a aprender.

Outro versículo nos traz uma informação interessante, agora sobre a profissão de Seu pai, José: um carpinteiro (cf. Mateus 13.55). Como era de costume na época, os filhos sempre adotavam o ofício de seus pais. Nesse caso, Jesus deveria aprender sobre as funções da carpintaria e, assim, seguir os passos de Seu pai. Assim como no primeiro caso, a Bíblia não nos conta muito mais que isso. Contudo, podemos concluir que esse aprendizado não ocorreu de uma hora para outra. Talvez, por anos e mais anos, pai e filho passaram dias juntos, gerando um ambiente de ensinamento. Com o tempo, Jesus também deve ter assimilado muitas lições extraordinárias, contribuindo para a formação do Seu caráter como um homem completo.

Utilizando um pouco da nossa imaginação, não é muito difícil pensarmos no Mestre em cada uma dessas situações. Cenas em que Ele estava sentado ouvindo, questionando, tirando dúvidas e, até mesmo, errando e sendo corrigido. Todos os anos, algo novo era acrescentado, e marcas desse amadurecimento constante estavam lá para lembrá-lO disso. Com toda certeza, esse tempo "longe dos holofotes" foi mais que necessário para que conhecêssemos o Homem exemplar demonstrado nos Evangelhos. O próprio Deus, por meio dessas etapas, preparou Seu Filho para a missão para qual Ele havia sido enviado ao mundo.

Entretanto, quando pensamos nos milagres, curas, libertações e palavras tão marcantes ditas por Cristo, podemos nos esquecer desse lado da Sua história. Mas até mesmo o Salvador, revestido de autoridade sobre todas as coisas, não passou por cima dos processos. Pelo contrário, Ele foi nosso maior exemplo de entrega e paciência, submetendo-Se ao passo a passo conduzido pelo Senhor. Sem sombra de dúvidas, o poder de Deus estava com Ele, mas essa característica não excluiu o caminho percorrido até que tudo fosse concretizado. E a vontade do Pai para nós não é nem um pouco diferente.

Inclusive, ao falar sobre essa questão específica, o apóstolo Paulo deixa muito claro o seguinte:

> Seja a atitude de vocês a mesma de Cristo Jesus, que, embora sendo Deus, não considerou que o ser igual a Deus era algo a que devia apegar-se; mas esvaziou-se a si mesmo, **vindo a ser servo, tornando-se semelhante aos homens**. (Filipenses 2.5-7 – grifo do autor)

Ao tomar a atitude de servo, Jesus compreendia a necessidade de se tornar um referencial, tanto para Seus discípulos como para todos aqueles que ouvissem as Boas Novas. Neste ponto, encontramos a chave para entender a forma como o Mestre agiu, pois Sua vida é prova do quanto devemos priorizar a conservação dos aprendizados. Os processos que Ele passou antes do início de Seu ministério nos apontam para sementes que foram plantadas propositalmente muito tempo atrás. Sem elas, seria impossível que todas as profecias fossem cumpridas, posicionando o Messias como alguém que passou pelas várias lições da vida e, com elas, amadureceu, assim como qualquer ser humano.

Dessa maneira, se abraçarmos esse ensino como algo primordial, caminharemos diretamente para a construção do caráter aprovado de Cristo em nós. Afinal, é muito mais fácil olharmos para os resultados, desconsiderando as marcas que nos levaram até eles. Isso significa que o segredo para frutificar, seja no que for, depende das bases que sustentam nossos ramos. Sendo mais claro, a eficácia do deserto só pode ser demonstrada quando nos mantemos constantes, aplicando o que foi cultivado nesse período de capacitação.

PROVADOS E APROVADOS

Os ciclos dentro de uma universidade, por exemplo, são parte de um estágio de amadurecimento. Para muitos, esse é um tempo que tem uma relevância inigualável. Quem sabe, represente a chance de aprender uma profissão sonhada durante toda a vida ou, então, os primeiros passos da vida adulta e da independência?!

Entre diversos fatores, esse é um período de "plantação", em que muitas experiências contribuem para a formação de uma nova pessoa. Se você passa ou já passou por essa etapa, sabe como somos tirados da zona de conforto e esticados ao máximo.

Naturalmente, o fim desse processo simboliza uma vitória sobre todos esses desafios e nos capacita para o desenvolvimento de outros projetos, algo que nunca pode ser esquecido. Mas, infelizmente, é isso o que acontece com algumas pessoas, seduzidas pelos benefícios de uma carreira de sucesso. Os frutos colhidos parecem ofuscar todo o trabalho e suor investidos para que se chegasse ali, fazendo com que valorizemos muito mais o resultado e desconsideremos o que foi vivenciado para que isso fosse possível.

Analisando esse cenário de uma perspectiva diferente, podemos pensar: "Em minha vida, isso nunca vai acontecer". Sem perceber, essa mentalidade nos cega para os erros que uma autoanálise poderia nos poupar. Diferentemente dessa postura, devemos nos colocar no lugar de Jesus. Como o texto de Filipenses que lemos acima diz, Ele decidiu tomar a posição de servo. Ainda que fosse o Filho Unigênito de Deus, Cristo sabia da importância de Se humilhar e aprender como qualquer pessoa. Apenas uma atitude assim nos marca verdadeiramente, atribuindo valor a cada novo aprendizado.

Com isso, nem mesmo a fama, o dinheiro ou patamares elevados nos farão esquecer aquilo que carregamos: a marca de Jesus. Da mesma maneira que Ele cresceu e Se desenvolveu, sem fugir de nenhuma lição, nós devemos permanecer n'Ele, independentemente da estação pela qual estejamos passando.

Não faltarão situações que provarão se realmente amadurecemos durante os desertos ou se apenas "interpretamos um papel". Se nossa escolha for agir como Cristo, abraçando cada aprendizado com excelência, essa será nossa arma nos momentos de dificuldade. Os propósitos de Deus em nossas vidas não estão isentos de adversidades, porém são o caminho pelo qual podemos nos aprimorar ainda mais:

> Bendito seja o Deus e Pai de nosso Senhor Jesus Cristo! Conforme a sua grande misericórdia, ele nos regenerou para uma esperança viva, por meio da ressurreição de Jesus Cristo dentre os mortos, para uma herança que jamais poderá perecer, macular-se ou perder o seu valor. Herança guardada nos céus para vocês que, mediante a fé, são protegidos pelo poder de Deus até chegar a salvação prestes a ser revelada no último tempo. Nisso vocês exultam, ainda que agora, por um pouco de tempo, devam ser entristecidos por todo tipo de provação. Assim acontece para que fique comprovado que a fé que vocês têm, muito mais valiosa do que o ouro que perece, mesmo que refinado pelo fogo, é genuína e resultará em louvor, glória e honra, quando Jesus Cristo for revelado.
> (1 Pedro 1.3-7)

O apóstolo Pedro compara esses testes à provação do ouro dentro do fogo. Essa é uma analogia muito comum em toda a Bíblia, colocando-nos como "metais" de diferentes tipos, que terão suas qualidades e obras submetidas ao calor extremo. Na mesma intensidade que essas aflições nos relembram do caminho trilhado, elas revelam onde está fundamentada nossa estrutura. Logo, não existem brechas que possam ser ignoradas, mostrando se, de fato, crescemos em graça e sabedoria ou se passamos uma imagem falsa.

Para muitas pessoas, um bom líder só pode ser aceito quando passa por sua primeira crise, e o Reino de Deus segue uma lógica bem similar. Quando nos questionamos se estamos preparados para os novos degraus e níveis de confiança, a resposta está, como bem sabemos, no teste do fogo. Ele é uma linha tênue que separa os filhos maduros daqueles que ainda precisam aprender, ser curados e libertos, para, assim, crescer. No fim das contas, creio que esses processos têm o objetivo de nos fazer desenvolver uma postura como a de Cristo.

IMITADORES DE CRISTO

Pense comigo: o Mestre passou trinta anos de sua vida "escondido" das multidões, ainda que isso representasse o Seu período de preparação. Depois disso, Ele foi batizado, passou quarenta dias no deserto sendo conduzido pelo Espírito Santo e, em certo momento, tentado por Satanás. Refletindo sobre essas questões, faria algum sentido que Jesus fosse tão lapidado se, depois de tudo, não sustentasse um caráter condizente com o que havia vivido? Ele era ungido para esse propósito, e apenas tal comportamento representaria, em todos os aspectos, Seu papel como Salvador, Libertador e Cordeiro Santo!

Os diversos episódios que marcaram Seu percurso terreno são consequências de um alinhamento íntimo com a vontade do Pai Celestial. Como Seus discípulos, devemos nos esforçar para viver nessa mesma sintonia. Ao contemplarmos nossa natureza pecaminosa e falha, parece que esse é um padrão inalcançável. Entretanto, a presença de Deus e a sensibilidade à Sua voz são ferramentas capazes de nos levar à plenitude que está disponível no Senhor. Mais do que simplesmente observar o exemplo de Jesus, devemos imitá-lO.

Em sua primeira carta aos irmãos de Corinto, Paulo chega ao ponto de incentivar aquelas pessoas a copiá-lo (cf. 1 Coríntios 11). Tal afirmação confirma a certeza do apóstolo de que o Nazareno é o modelo ideal. Apesar de parecerem palavras muito fortes, partindo de alguém que tem intimidade com Deus, esse é um convite aberto a todos os "amigos do avivamento". Na verdade, a pregação sobre o Reino de Deus e a cruz de Cristo são uma declaração pública do nosso posicionamento como "minicristos": homens e mulheres dispostos a segui-lO independentemente das consequências.

Fazer esse anúncio ao mundo exige que estejamos constantemente olhando para um espelho, que deve refletir apenas o rosto do Mestre. Para tanto, devemos nos colocar num lugar de total dependência e humildade perante o Criador, aceitando o Seu poder de nos renovar e melhorar diariamente. Talvez, o simples fato de pensar nas pressões que virão nos pare e ofusque tudo o que foi passado. Porém, ao fazermos essa escolha, não seremos mais nós que os outros verão, mas o semblante do próprio Jesus.

E era exatamente assim que Jesus era visto por todos que possuíam consciência da Sua natureza divina. Em outras palavras, as marcas do amadurecimento apagam nossa antiga índole, restando somente a imagem do Senhor. Quando estamos reunidos em comunhão ou espalhados pelas ruas falando do amor de Deus, não existem mais separações ou indivíduos reclusos agindo de acordo com suas vontades. É o Corpo de Cristo que se movimenta e dá continuidade às ações sobrenaturais iniciadas por Jesus e preservadas por nossos irmãos ao longo dos séculos.

Percebe como o amadurecimento nos faz compreender a grandiosidade da obra à qual pertencemos? Depois de abrir os olhos de tantos cegos, física e espiritualmente, o Nazareno depositou em nossas mãos o encargo de cumprir essa missão. Não há desculpas para rejeitar o Seu chamado, pois Ele tem a forma correta de nos levar ao centro da Sua vontade.

Cada passo dado por Jesus era confirmado lá no Céu, pois era revestido de propósito e autoridade. Essa mesma firmeza nas atitudes foi colocada em nossos corações como o combustível que nos faz prosseguir e avançar.

Logo, o medo perde sua razão de existir. Toda dor e rejeição passam a ser meros componentes comparados a uma existência pautada pelo Evangelho. Não importa se seremos perseguidos ou mesmo agredidos por levar essa Mensagem, já que a convicção do que estamos plantando nos preserva de todo desânimo. Mais uma vez, a vida do apóstolo Paulo é umas das maiores demonstrações desse comportamento.

Depois de argumentar muito aos cristãos da Galácia sobre o poder na Nova Aliança em detrimento das práticas da Lei, ele encerra essa epístola de forma brilhante. O apóstolo pede que ninguém o perturbe por conta daquilo que ele disse, pois, mais do que ninguém naquela época, ele sabia o que significava carregar as marcas de Jesus (cf. Gálatas 6.17). E isso dizia respeito não só aos embates contra líderes religiosos, políticos e às apostasias, dentro e fora da Igreja, mas às cicatrizes que ele carregava em seu corpo.

A autoridade de Paulo em sua última fala na carta aos gálatas nos apresenta alguém que havia sido castigado por amor ao Evangelho. No entanto, essas situações não puderam impedi-lo de persistir. Mais do que expandir o Reino de Deus, o apóstolo simbolizava um referencial para os irmãos daquele período. Suas palavras e histórias vividas nas muitas viagens missionárias atribuíram a ele uma posição de relevância e respeito. O seu testemunho de conversão e permanência como mensageiro de Cristo precediam sua fama e desmontavam qualquer narrativa contrária à veracidade do seu discurso. Com toda certeza, sendo um imitador de Jesus, ele inspirou muitos irmãos ao longo dos anos como um exemplo de servo.

No sentido mais puro, Paulo foi um cego que passou a ver claramente, dando um novo significado para todo o seu conhecimento sobre a Lei e as tradições judaicas. O potencial que já existia dentro dele foi maturado e aprovado pelo fogo do Espírito Santo, resultando em um dos personagens mais relevantes da História. Não só ele, mas diversos exemplos nos apontam para a importância de amadurecer e manter a chama desse aprendizado sempre acesa. É ela que nos iluminará em todo tempo, fazendo com que andemos de olhos abertos e determinados a alcançar o objetivo que nos foi proposto!

Capítulo 10

ANDANDO DE OLHOS ABERTOS

[...] para abrir-lhes os olhos e convertê-los das trevas para a luz, e do poder de Satanás para Deus, a fim de que recebam o perdão dos pecados e herança entre os que são santificados pela fé em mim.
(Atos 26.18)

Tendo em mente a necessidade do amadurecimento, passamos por uma transição que nos leva a novos níveis de aprendizado e crescimento espiritual. Durante essa etapa dos processos de Deus em nossas vidas, essencialmente, precisamos estar de olhos abertos. Afinal, esse é o momento pelo qual aguardamos durante todo o tempo em que estivemos no deserto. Logo, exercer essa dádiva conquistada após muitos momentos de dor e capacitação é o próximo passo da caminhada cristã. Como bem sabemos, a melhor forma de expandir nossa influência sobre outras pessoas é conservando uma postura que esteja alinhada com aquilo que professamos.

Entre as diversas maneiras pelas quais podemos chegar a esse objetivo, existe uma que é muito recorrente, tanto nos Evangelhos, como nas cartas de Paulo e em toda a Bíblia no geral: o amor. Jesus, em repetidas ocasiões, defendia como o amor a Deus e ao próximo era a base que sustentava não só a Lei e os profetas, como as Boas Novas e as mensagens a respeito do Reino de Deus (cf. Mateus 22.37-39). Existe também o famoso capítulo 13 da primeira carta paulina aos Coríntios, em que Paulo já nos prepara sobre algo extraordinário que ele explicaria à frente. Ou melhor, "[...] um caminho ainda mais excelente" (cf. 1 Coríntios 12.31b). Nessa passagem, o apóstolo nos diz:

> Ainda que eu fale as línguas dos homens e dos anjos, se não tiver amor, serei como o sino que ressoa ou como o prato que retine. Ainda que eu tenha o dom de profecia e saiba todos os mistérios e todo o conhecimento, e tenha uma fé capaz de mover montanhas, mas não tiver amor, nada serei. Ainda que eu dê aos pobres tudo o que possuo e entregue o meu corpo para ser queimado, mas não tiver amor, nada disso me valerá. O amor é paciente, o amor é bondoso. Não inveja, não se vangloria, não se orgulha. Não maltrata, não procura seus interesses, não se ira facilmente, não guarda rancor. O amor não se alegra com a injustiça, mas se alegra com a verdade. Tudo sofre, tudo crê, tudo espera, tudo suporta. (1 Coríntios 13.1-7)

A fala de Paulo eleva o nível de importância do amor em nossas vidas ao patamar da excelência. Na verdade, suas colocações nesses versículos apenas traduzem o que Jesus pregava de uma forma ainda mais literal. Mais do que isso, o apóstolo nos mostra como o amor é essencial, como um filtro que revela quais são as nossas reais intenções. Em outras palavras, ele fala sobre uma Igreja que pode estar olhando para as coisas erradas, impressionando-se com meras ilusões. Ou, ainda, um tipo específico de pessoa que se apaixona pelas bênçãos, mas se esquece do Abençoador.

Nesse sentido, creio que, a partir do momento em que nossos olhos são abertos, devemos estar mais atentos a esse pensamento sutil que pode moldar nosso comportamento. Começar a enxergar e, assim, compreender a magnitude do amor de Deus em nossas vidas nos leva a entender um pouco mais do Seu poder e soberania. Com isso, o desejo por crescer e alcançar todo o potencial que há em servi-lO pode nos levar a enxergar simplesmente aquilo que Ele nos dá, tirando o Senhor do centro de nossas atitudes.

Todos nós corremos o risco de sonhar e pedir muitas coisas a Deus, deixando de lado a manutenção de um relacionamento sadio com Ele. Em algum ponto, começamos a fazer orações do tipo: "Senhor, me guarde dos problemas, me liberte dos ciclos viciosos, me deixe continuar com meus sonhos, me ajude a prosperar em meu trabalho, me ajude, Senhor!". Com o tempo, nosso clamor transforma-se, passando de momentos de diálogo com o Pai para horas e horas de pedidos sem propósito claro. Uma espécie de "reza" que visa as bênçãos e deixa a intimidade e o agradecimento em segundo plano.

Entretanto, nós nos esquecemos que a verdadeira vida não são os negócios nem o ter o que comer, mas sim um serviço digno diante do Eterno, e o desfrutar do Pão da Vida (cf. João 6.35) em nosso cotidiano. É claro que trabalhos e projetos são, sim, importantes. Todavia, Deus deve sempre estar em um patamar mais elevado em nossas prioridades. Do contrário, estaremos ignorando a lição da soberania divina, tão primordial durante a passagem pelo deserto. Sem esse entendimento, o amor a Deus perde o sentido e passa a ser sinônimo de coisas materiais, o que nos leva de volta à cegueira espiritual.

Paulo também nos alerta de como o amor cego às bênçãos espirituais pode desvirtuar nossa índole. Ele diz que o amor nunca acabará, mas, um dia, as profecias desaparecerão, as línguas cessarão e o conhecimento passará (cf. 1 Coríntios 13.8). O que isso significa? Todas essas coisas são maravilhosas e ferramentas muitos úteis na edificação do Corpo de Cristo e na pregação da Palavra. Entretanto, existem coisas maiores! Corremos o risco de ser uma Igreja que ama tanto os dons e a confiança que eles nos dão para caminhar de olhos abertos, que podemos acabar ignorando Aquele que nos concedeu todos eles.

Logo, amamos ir aos cultos, louvar a Deus com belas canções e encontrar nossos irmãos, mas quando isso nos é tirado, uma tristeza aparece dentro de nós. Sentimos falta. E, até aí, esse é um sentimento normal. Porém, o apóstolo nos alerta sobre colocar nossos olhos no lugar certo. Quando cessam as línguas, as profecias, as reuniões nos templos, o que permanece? O que fica quando todas essas coisas nos são tiradas? Será que permanece o medo, a insegurança, o temor, o pânico, e a carnalidade aflora? Se tudo aquilo que mais importa para nós fosse retirado, será que nos entregaríamos aos desejos, às paixões, ao pecado, e às práticas do passado?

Diante desse impasse, Paulo está dizendo que só existe uma coisa que não passa: o amor. Nesse trecho específico da carta aos Coríntios, a palavra "dom" significa, originalmente, presente. Traduzindo essa expressão, teríamos algo como "os presentes cessarão". Portanto, chegará o tempo em que carros, casas, cursos, ou ainda os dons mais sobrenaturais ficarão para trás, e apenas o amor permanecerá. E esse sentimento nada mais é do que a presença do Deus eterno, a personificação do próprio Amor em nossas vidas (cf. 1 João 4.8). Não podemos nos deixar seduzir por tantas coisas de aparência bonita, mas que são passageiras e imperfeitas:

> Pois em parte conhecemos e em parte profetizamos; quando, porém, vier o que é perfeito, o que é imperfeito

desaparecerá. Quando eu era menino, falava como menino, pensava como menino e raciocinava como menino. Quando me tornei homem, deixei para trás as coisas de menino. (1 Coríntios 13.9-11)

O apóstolo Paulo está nos assegurando de que aquilo que é perfeito, o amor real, só pode ser encontrado em um relacionamento profundo com Deus. E não pode ser fundamentado em dons, presentes, e tantos outros detalhes, pois isso é coisa de menino. Alguns capítulos atrás, falamos sobre crianças que fazem pirraça quando não recebem o que querem dos pais. Pense bem: o Senhor não concederia a oportunidade de dar vista aos cegos para pessoas que Ele considerasse imaturas. Pelo contrário, depois do deserto, Deus espera que nos posicionemos como filhos experientes, que compreendem a necessidade de não serem levados por paixões e circunstâncias.

Acredito que a chance de andarmos com os olhos abertos é um convite do Céu para subirmos a um lugar mais alto, onde poderemos aplicar com eficiência todo o aprendizado que carregamos. Além disso, o Espírito Santo mora dentro de nós. Deus, tendo todos os lugares do mundo para habitar, podendo escolher os melhores palácios e belas paisagens, escolheu fazer Sua morada dentro de mim e de você, Sua criação. Será que estamos vivendo uma vida tão corrida, em busca de sonhos e objetivos, que não paramos para observar o que há em nosso interior? Talvez, as coisas superficiais que temos almejado ocuparam o lugar do Senhor, e, quando sondamos nossos corações, encontramos apenas o vazio.

Quero profetizar e declarar sobre as nossas vidas: Deus nos encherá do Seu amor, de forma que tudo mais será esquecido. E, a partir dessa leitura, você e eu iremos desenvolver intimidade com Ele. O Altíssimo não é um gênio da lâmpada, pronto para atender nossos pedidos quando é chamado. Esse gênio está na ficção, como no filme Aladdin[1], pronto para nos oferecer três desejos. Nosso Deus é ilimitado! Ele não só quer fazer parte de nossas vidas, mas nos abençoar além daquilo que pedimos ou pensamos, porém sem que essas coisas tomem o Seu lugar de direito.

Paulo não é exceção nesse alerta para termos atenção enquanto andamos com os olhos abertos. O apóstolo Pedro é outro homem de Deus que nos desperta para a necessidade de fugir de tudo aquilo que possa nos corromper durante a trajetória:

> Portanto, amados, sabendo disso, guardem-se para que não sejam levados pelo erro dos que não têm princípios morais, nem percam a sua firmeza e caiam. (2 Pedro 3.17)

Aqui, Pedro está trazendo uma revelação bem mais profunda, aumentando nossa responsabilidade como Igreja: guardem-se. Também valeria dizer "protejam-

---

[1] **Aladdin**. Direção: Ron Clements; John Musker. Burbank: Walt Disney Feature Animation; Walt Disney Pictures, 1992.

-se". O conselho do apóstolo é que guardemos nossos corações de heresias, de homens abomináveis que distorcem a Palavra de Deus. Como prevenção desse mal, devemos ter a voz de Deus como único guia, por meio das Escrituras Sagradas. Se até aqui essa não tem sido a sua postura, agora é a sua chance. Pegue sua Bíblia, leia com atenção e peça ao Senhor revelação. Com toda certeza, o Espírito Santo trará entendimento, não apenas dos perigos que as coisas deste mundo podem acarretar, mas nos blindará de todo discurso contrário aos mandamentos do Senhor.

As palavras de Pedro nos mostram o quanto o conhecimento de Deus não só nos guarda do engano como também nos leva ao crescimento. É um fato que quem precisa ser observado a todo tempo são as crianças. E tudo bem ser infantil por um tempo, mas a hora de crescer chega para todos nós. Sendo mais claro, aproxima-se o momento em que o deserto acabará; em que seremos nós as ferramentas que ajudarão outros irmãos de fé a passarem pelo aprendizado. Dessa forma, se não estivermos muito bem alicerçados, será muito difícil continuar evoluindo em graça.

Por isso, se desejamos caminhar com autoridade, firmando nossos passos e decisões, sendo referências onde quer que estejamos, precisamos estar muito bem alinhados com esse valor espiritual. Se for preciso, não tenha medo de pedir perdão ao Pai, e clamar que Ele ensine a melhor forma de agir. Essa atitude não nos diminui, ou ignora todo os processos que passamos. Pelo contrário, ela nos enobrece e nos enche de humildade. Culpar pessoas e ambientes por nossos fracassos e escolhas erradas é uma atitude infantil, distante do caráter e identidade estabelecida por Deus. Enquanto continuarmos transferindo essa responsabilidade aos outros, nunca sairemos do mesmo estágio, caminhando com autonomia.

Consequentemente, ter os olhos abertos e iniciar um processo de influência implica em algumas outras questões. Ao fim de um deserto, quando estamos absorvendo tudo o que foi vivenciado, não temos como fugir da realidade – voltaremos à rotina. Nessas circunstâncias, encontraremos os mesmos desafios de sempre, o mesmo salário, as mesmas crises... Enfim, encontraremos aspectos normais da vida que podem nos fazer esquecer dos momentos de intimidade com Deus durante o deserto.

Antes de tudo, precisamos rejeitar esses sentimentos e caminhar de olhos abertos a fim de vencer as vozes contrárias para, então, interferir na realidade de outros. Sendo assim, antes que as coisas mudem do lado de fora, elas precisam primeiro mudar do lado de dentro. E essa mudança só ocorre quando enfrentamos a vida cotidiana, e damos um basta para uma existência baseada em aparências. Afinal, passamos por processos de amadurecimento. Logo, nossas atitudes precisam refletir esse crescimento tanto no interior quanto no exterior.

Nossa geração, principalmente com o uso das redes sociais, sustenta esse argumento, demonstrando perfis e realidades que destoam completamente da verdade. No mesmo instante em que postamos fotos maravilhosas com largos sorrisos no Instagram, corremos aos nossos quartos para chorar. Dizemos a todos que estamos bem, vestindo uma armadura de orgulho e de força, mas sabemos que por dentro estamos com medo e quebrados.

No fim, precisamos, mais uma vez, olhar para dentro e reconhecer nossas limitações, sabendo que não temos o controle de nada. Porém, se estamos vivos, a graça de Deus está sobre nós. Somos sustentados pela Sua misericórdia e bondade. A Bíblia nos confirma que essas misericórdias se renovam todas as manhãs. Pessoalmente, eu me emociono ao saber disso, ainda mais quando me deparo com uma realidade tão cruel que nos cerca. Se o fôlego de vida ainda nos acompanha, então temos a certeza de que há um propósito maior, e que mais e mais pessoas necessitam enxergar a vida dessa forma. Eu e você somos esses agentes de transformação, que não somente trarão novidades, mas que incentivarão essa geração a amadurecer e ver com clareza.

Com a certeza do que carregamos, Deus nos permite ajudar outros filhos perdidos, abençoar quem mais necessita, seja com uma mensagem de esperança, ou com nossas finanças. Entretanto, sabemos que aqueles que nos escutarem terão um longo caminho pela frente, permeado por processos que os esticarão de todas as formas possíveis. Por outro lado, ver com os olhos da fé novas criaturas sendo formadas é revigorante, e um incentivo à persistência.

PASSOS DE EXCELÊNCIA

Nesse sentido, quero falar sobre três atitudes – ou dicas – que nos ajudarão a andar com os olhos abertos de maneira correta. Afinal, seria simples apenas apontar uma direção e um objetivo sem demonstrar a forma de caminhar até lá. O processo de abrir os olhos dos cegos nunca para em nós, mas é uma semente a ser compartilhada até o fim de nossas vidas. Quem sabe, você seja a única pessoa que conhece a Jesus dentro do seu lar ou círculo de amizades?! Nesses lugares, você também recebeu a missão de provocar uma mudança extraordinária. Para tanto, algumas mudanças de comportamento e posicionamento podem fazer toda a diferença.

COMPARAÇÕES

Pare de olhar para a vida dos outros! Evite comparações, pois essa atitude colocará todo o seu foco na história particular que Deus está escrevendo com você. Ainda mais, fará com que você preste atenção na construção que Ele está realizando dentro de você.

Você já percebeu como algumas pessoas vivem das dores dos outros? Muitas delas vivem ligando para amigos e perguntando: "Como você está?". No fundo, não há uma real preocupação. O que existe é uma fuga das próprias dores e uma tentativa de conexão com a dor do próximo. É claro que é bom que nos importemos com os outros, ainda mais quando queremos transmitir uma mensagem. Mas antes de mudar o mundo, devemos arrumar nosso próprio quarto. Antes de levar cura para alguém, precisamos ser curados. Antes de pregar alegria, a tristeza em nosso ser deve ser vencida.

Quero desafiar você a olhar para dentro, seja qual for o panorama ao redor. A consciência do que Jesus está fazendo em nós capacita-nos a sermos verdadeiros em nossas palavras e ações. Ele pode restaurar corações, trazer felicidade e amor à vida, e dar prosperidade a todo aquele que reconhece Sua obra redentora. À medida que aceitamos esse amor e cuidado, passamos a amar nós mesmos, e, como resultado, a todos com quem convivemos.

DOR

Nem sempre vamos ter tudo o que desejamos, mas, mesmo assim, precisamos crescer e continuar caminhando. Durante os árduos processos da jornada, temos de deixar algumas coisas para trás, esquecer alguns sonhos e abrir mão de outros desejos. A vida não é perfeita, e se achamos que tudo será um mar de rosas, estamos sendo infantis. Na verdade, precisamos encarar a vida como ela é, ou seja, não podemos ignorar a presença da dor. Negar a sua existência não é uma demonstração de fé, e sim falta de humanidade.

Quando Jesus chega diante do sepulcro de Lázaro, seu melhor amigo, e contempla aquele cenário de morte, o Mestre chora (cf. João 11.35). Mesmo assim, após aquele instante de sofrimento e dor, Jesus muda as circunstâncias por completo, operando um milagre de ressurreição. Alguns momentos da vida pedem o choro, por isso não tenha vergonha de assim fazer. No entanto, depois de toda dor, se Deus estiver contigo, haverá ressurreição e alívio.

SER PASTOREADO

Meu último conselho é: permita que o seu coração seja pastoreado por Jesus. Sempre iremos encontrar alguém que diga exatamente o que queremos ouvir, mas precisamos entender que quem realmente nos ama diz aquilo que, na verdade, precisamos escutar. Com o passar dos anos, entendi que o triunfo da caminhada cristã não está no que eu penso, mas naquilo que o Senhor diz.

Ao saber disso, talvez você se pergunte: "Como eu faço para ouvir a voz de Deus e ser pastoreado por Ele?". Vejo muitos irmãos procurando formas práticas de encontrar a direção do Senhor ou uma resposta específica. Entre as diversas maneiras que o Pai usa para falar conosco, como por meio de um líder ou através de uma palavra direcionada, creio que a Bíblia seja um dos melhores canais. Nela, encontramos a seguinte afirmação:

> Toda a Escritura é inspirada por Deus e útil para o ensino, para a repreensão, para a correção e para a instrução na justiça, para que o homem de Deus seja apto e plenamente preparado para toda boa obra. (2 Timóteo 3.16-17)

Portanto, se você não consegue ler a Bíblia ou tem pouco entendimento, recomendo que ore pedindo a Deus que abra sua mente. Minha dica é começar pelos Evangelhos de Mateus, Marcos, Lucas e João, e depois seguir em frente direcionado pelo Espírito Santo. No final das contas, quando tudo passar, quando as luzes se apagarem, quando o dinheiro acabar, quando a enfermidade vier, quando as dúvidas aparecerem, quando a dor apertar, só uma coisa pode nos sustentar e sempre permanecerá imutável: a Palavra de Deus.

Quedas e tropeços virão, porém o amor de Deus nos acompanha e nos ajuda a recomeçar todos os dias. A Sua Palavra, o Seu amor e a Sua mão sempre estarão nos conduzindo, ainda que tenhamos os olhos abertos. Mesmo como filhos maduros, sempre poderemos contar com um Pai amoroso que está disposto a nos ensinar sempre que necessário. Ele é o nosso professor durante o deserto, mas também o guia que nos assegura a conservar todas as lições e apresentar esse mesmo processo a todos os que precisam de salvação.

Capítulo 11

CONSERVANDO AS LIÇÕES DO DESERTO

Guardei no coração a tua palavra para não pecar contra ti. (Salmos 119.11)

Partindo da ideia de que, após nosso aprendizado no deserto, andamos com os olhos abertos, sabemos como essa possibilidade pode nos mostrar novos horizontes. Entretanto, creio que para ser excelente e constante nessa prática, acima de tudo, devemos conservar as lições assimiladas durante o nosso amadurecimento. Já falamos um pouco a respeito da importância de absorver cada ensinamento a ponto de que cada um deles se torne uma verdade em nossos corações. Essa atitude é tomada, principalmente, quando decidimos guardar com zelo e amor tudo aquilo que o Senhor nos transmitiu.

O livro de Salmos traz um dos textos bíblicos que mais apoiam essa ideia no capítulo 119, versículo 11.

Nessa passagem, o salmista diz que guardou a Palavra do Senhor em seu coração para não pecar contra Ele. Entre os muitos autores desse livro, Davi é o que mais se destaca. Julgando que essas palavras sejam dele, podemos aprender um pouco mais sobre a importância de conservar a voz de Deus dentro de nós.

Pode não parecer, mas esse verso, em específico, revela quase uma tática de guerra. Ao ler um pouco sobre a história de Davi, em livros como o do profeta Samuel, vemos a imagem de um poderoso guerreiro que derrotou muitos exércitos em nome da nação e do Deus de Israel. Uma pessoa em batalha precisava ter seus sentidos sempre apurados e uma mente pronta para elaborar estratégias a todo momento.

Ao afirmar que guardou a palavra do Senhor, ele deveria ter em mente os dias maus que viriam, em que o pecado bateria à sua porta. Em momentos assim, olhamos para os lados com olhos naturais e, muitas vezes, não vemos ninguém que possa nos auxiliar. Contudo, a palavra do Senhor em nossos corações é como uma espada de dois gumes, que penetra a divisão da alma e do espírito (cf. Hebreus 4.12). Se ela tem poder para agir naquilo que é invisível, é também uma poderosa arma contra as tentações e o medo.

A voz do Senhor ecoando dentro de nós representa a escolha em ouvi-lO a todo momento e seguir os Seus direcionamentos. Mesmo que não nos enxerguemos como poderosos guerreiros, nós fazemos parte de um exército espiritual, que deve obedecer às ordens do Seu General. Nesse sentido, todas as funções e tarefas que Ele nos delega sempre apontarão para o mesmo objetivo: o avanço do Reino e a nossa própria edificação. Assim como os desertos, esse é um processo contínuo, que nunca deve se tornar monótono ou perder o valor para as nossas vidas.

Aliás, o fato de sermos cada vez mais exigidos a nos posicionar e crescer demonstra a vontade do Senhor de nos capacitar cada vez mais. Para tanto, conservar com toda a nossa força as estratégias que já nos foram passadas é essencial. O entendimento de que, a todo momento, novos desafios [ou melhor, novos desertos] virão, deve gerar em nós a mesma mentalidade de Davi. Em outras palavras, nossa visão deve ser expandida, observando as oportunidades e amadurecimentos disponíveis ao nosso redor.

PRÓXIMA FASE?

O que deve ser claro para todo cristão é que o fim de um deserto sinaliza o surgimento de outro. Como discutimos lá no início, os desertos são os meios usados por Deus para nos preparar e lapidar. Pense neles como fases de um jogo: cada vez que você desbloquear uma etapa, desafios maiores surgirão. Na mesma medida, os aprendizados anteriores serão poderosas ferramentas para nos auxiliar a passar pela fase seguinte. E a compreensão de nossa real identidade, que vai se aprofundando no decorrer dessa jornada, também é uma grande arma para superá-las.

Logo, quando finalizamos um processo e iniciamos o seguinte, significa que estamos subindo para lugares mais altos. Poderíamos comparar essas etapas aos ciclos da vida acadêmica, por exemplo. Inclusive, os graus de aprendizado durante os estudos universitários são muito similares à nossa evolução espiritual. Conforme nos aprofundamos nos mistérios do Espírito, nossa mente se amplia cada vez mais. Todavia, sempre chegará o momento em que uma nova medida ou revelação deve ser derramada. Como um estudante recém-formado que deseja aprimorar ainda mais seus conhecimentos, nós também precisamos nos entregar a novos níveis em Deus.

Depois da graduação, sempre haverá especializações, mestrados, doutorados, por aí em diante. Se dentro do intelecto humano, que é tão limitado, temos a chance de aprender tanto sobre assuntos específicos, o que dizer do potencial que está em conhecer a Deus? O profeta Ezequiel fala um pouco sobre essa profundidade que está diante dos nossos olhos:

> O homem levou-me de volta à entrada do templo, e vi água saindo de debaixo da soleira do templo e indo para o leste, pois o templo estava voltado para o oriente. A água descia de debaixo do lado sul do templo, ao sul do altar. Ele então me levou para fora, pela porta norte, e conduziu-me pelo

lado de fora até a porta externa que dá para o leste, e a água fluía do lado sul. O homem foi para o lado leste com uma linha de medir na mão, e, enquanto ia, mediu quinhentos metros e levou-me pela água, que **batia no tornozelo**. Ele mediu mais quinhentos e levou-me pela água, que **batia na cintura**. Mediu mais quinhentos e levou-me pela água, que **chegava ao joelho**. Mediu mais quinhentos, mas agora era um rio **que eu não conseguia atravessar**, porque a água **havia aumentado e era tão profunda** que só se podia atravessar a nado; **era um rio que não se podia atravessar andando**. (Ezequiel 47.1-5 – grifo do autor)

Para nós, essa água que o profeta enxergou em sua visão representa a imensidão de coisas que podem ser aprendidas por meio dos desertos. No início de nossa caminhada, quando começamos a aprender sobre Deus, assim como bem descrito nessa passagem, podemos dizer que as Suas águas começam a bater nos tornozelos (cf. v. 3). Porém, a experiência de sermos tocados nos instiga a querer mais. Outros processos acontecem, e, quase sem perceber, o rio do Senhor alcança os nossos joelhos (cf. v. 4).

Somos motivados a intensificar nossa corrida e buscá-lO em oração e através da Palavra. A fome pelo conhecimento de Deus nos leva mais fundo, onde as águas batem na cintura (cf. v. 4). Esse é um terreno que exige responsabilidade e zelo, em que entendemos a importância de manter o que já foi adquirido até ali. Se estivermos prontos, Ele então nos convida para ir até o ponto onde não sentimos mais o chão (cf. v. 5). É a hora de aprender a nadar e prosseguir conhecendo o Senhor em intimidade. Então chegará o tempo em que, se olharmos para trás, teremos esquecido de onde partimos. Somente a voz do Pai será nosso guia, que nos lembrará de nossas origens e do lugar para onde estamos indo.

Perceba como essa é uma inserção na natureza de Deus, e como ela demanda que utilizemos tudo o que foi aprendido anteriormente. A cada passo avançado, vemo-nos dependentes do anterior, formando em nós um caráter que valoriza e defende cada nova descoberta espiritual, ao mesmo tempo que crescemos em graça. Isso é magnífico! Sendo assim, não podemos ignorar qualquer umas dessas fases da vida cristã. Pense nesse crescimento como a evolução de qualquer trabalhador em suas atividades dentro de uma empresa quando passa por dificuldades e desafios.

Sabemos que o mercado de trabalho atual, em sua grande maioria, organiza-se em sistemas hierárquicos. Deixando de lado certas exceções, cada profissional precisa passar por diversas funções até que chegue a um cargo mais elevado. Em consequência, todos eles precisam estar em constante atualização, revendo conteúdos, formando ideias e reciclando conceitos. Geralmente, essa prática não visa apenas uma promoção ou bônus, mas também auxilia aquela empresa a se posicionar melhor perante a concorrência, um meio pautado por estratégias que podem desbancar uma marca de uma hora para outra.

Em paralelo ao deserto espiritual, assim como podemos receber "táticas do Céu" para vencer em todas as áreas da nossa vida, nosso Inimigo também não para de arquitetar novas formas de engano e distração. A Bíblia chega a comparar o nosso Adversário a um predador traiçoeiro:

> [...] O diabo, o inimigo de vocês, anda ao redor como leão, rugindo e procurando a quem possa devorar. (1 Pedro 5.8)

Nesse versículo, o apóstolo Pedro exemplifica o Diabo como um leão, ou seja, um animal ávido por querer saciar sua fome, e com um ataque que pode ser mortal. Como um ser astuto, ele pode até insistir em certas artimanhas para nos atingir. Porém, como tudo na vida, se existem falhas em algumas tentativas, é necessário que sejam feitas outras abordagens. Olhando para as dificuldades que os irmãos da Igreja primitiva enfrentaram, encontramos muitas similaridades com situações vividas hoje. Entretanto, há circunstâncias que são próprias de uma geração. Os problemas que um jovem do século XXI enfrentam possuem muitas diferenças em relação às dificuldades passadas por seus pais e avós.

Por outro lado, os desertos também ganham uma nova função: ser nossa atualização de *software*. Os tempos passam, novos "vírus" surgem, e as defesas precisam ser reforçadas. Como você já deve ter percebido, esse é um processo gradativo. Não pode ser paralisado ou colocado em segundo plano, pois é essencial para que prossigamos nossa jornada sem grandes baixas. Se desejamos estar prontos, tanto para os desertos quanto para as batalhas do dia a dia, ouvir os comandos do Senhor deve ser a nossa primeira opção, ainda que alguns deles não se enquadrem em nossa lógica.

Mas fique tranquilo! Quando falamos sobre confiança, conservação e precauções no âmbito espiritual, muitas questões entrarão no terreno da fé. Afinal, a maioria dessas coisas se manifesta no mundo espiritual antes de nos atingir física ou mentalmente. Talvez seja por isso que nossas atitudes não devem ser baseadas na razão, mas acreditando que Deus tem um motivo para tudo o que nos pede. O que realmente importa é que tenhamos convicção nessa entrega, correndo o risco de entender algumas coisas de forma errada, caso não carreguemos essa certeza em nossos corações.

Quando isso não acontece, sem perceber, começamos a alimentar uma raiz de questionamento e rebeldia. Em um cenário perfeito, parece simples apenas passar pelo deserto e aprender com ele. É lindo ter a certeza de que, no final, teremos o poder para abrir os olhos dos cegos. Todavia, não podemos negar a influência da falta de entendimento acerca desse processo. Quando não estamos conscientes de que o deserto é um local de aprimoramento, podemos encarar algumas situações como um verdadeiro castigo.

Ainda assim, uma coisa é certa: na mesma intensidade em que os momentos de crescimento e aprendizado são uma parte inseparável dos vales, a poda e a correção também são necessárias. Apenas quando temos algumas arestas aparadas e somos confrontados, erros e dificuldades são expostos. Muitas vezes, essas lições não vêm somente com o objetivo de nos corrigir, mas também para que possamos frutificar ainda mais. As Escrituras são enfáticas sobre esse assunto:

> Meu filho, não despreze a disciplina do Senhor nem se magoe com a sua repreensão, pois o Senhor disciplina a quem ama, assim como o pai faz ao filho de quem deseja o bem. (Provérbios 3.11-12)

Isso significa que nossa concepção do deserto deve mudar. Mais do que um período de edificação e entendimento sobre vários fundamentos sobrenaturais, essa escola nos impulsiona a termos firmeza naquilo que cremos. Sendo mais claro, a conservação de cada lição deve transformar, definitivamente, o Evangelho que está saindo de nossas bocas, em uma verdade arraigada em nossos corações.

Agora que estamos chegando quase ao fim deste livro, caso essa informação não tenha ficado clara, é o momento de compreendê-la e aceitá-la de uma vez por todas.

"NADA A VER"

Com isso em mente, podemos dizer que os novos níveis demandam esforços diferentes. Dessa forma, a atenção que dávamos a certas brechas e tentações deve ser redobrada. Quantos são os exemplos de pessoas que avançaram até certo ponto, mas que pararam de confiar no Senhor ou não foram prudentes em certos aspectos de sua vida? Sem sombra de dúvidas, a história de Sansão se encaixa perfeitamente nessa descrição.

Sansão era um nazireu, ou seja, uma pessoa separada desde o ventre de sua mãe para servir a Deus com excelência e ter uma vida de santidade. Em razão disso, ele possuía uma força sobre-humana e foi capaz de feitos incríveis, como matar todo um exército apenas com uma queixada de jumento (cf. Juízes 15.15) e levantar o portão de uma cidade sozinho (cf. Juízes 16.3). Contudo, seus problemas começaram quando ele se esqueceu de sua responsabilidade e decidiu fazer as coisas do seu jeito.

Por conta de seu comportamento impulsivo, Sansão arranjou muitas inimizades, principalmente em meio aos filisteus, povo que oprimia Israel naquela época. Apesar disso, o Espírito do Senhor sempre se apossava dele e garantia vitórias sobre os inimigos. Infelizmente, esses sinais divinos não o impediram de continuar tomando decisões erradas. Em certa ocasião, ele se apaixonou por uma mulher chamada Dalila, que recebeu uma missão dos líderes dos filisteus: descobrir o segredo da força de Sansão (cf. Juízes 16.5).

A Palavra de Deus nos conta que Dalila era insistente, questionando Sansão sobre esse assunto sempre que possível. Entretanto, ele nunca contava a real origem do seu poder, inventando alguma desculpa que logo era descoberta. Por várias vezes, soldados filisteus o atacavam após alguma tentativa de Dalila, porém nunca tinham êxito. Depois de muito importunar, a mulher finalmente conseguiu o que queria, e Sansão revelou a natureza de sua força:

> [...] "Jamais se passou navalha em minha cabeça", disse ele, "pois sou nazireu, desde o ventre materno. Se fosse rapado o cabelo da minha cabeça, a minha força se afastaria de mim, e eu ficaria tão fraco quanto qualquer outro homem".
> (Juízes 16.17)

O fim dessa história foi trágico, com Sansão cego e ridicularizado diante dos filisteus. Ainda que, depois de tudo isso, Deus tenha sido misericordioso com Seu servo, usando sua morte como um ataque direto aos inimigos de Israel, vemos que muitas coisas poderiam ter sido evitadas. Se pudéssemos apontar a causa central para o destino cruel de Sansão, seriam as brechas que foram criadas ao longo de sua vida. Em nosso caso, diríamos que o problema se encontra nos "nada a ver" que surgem em nossa trajetória. Aos poucos, coisas que tinham tanta importância para nós começam a perder seu lugar de relevância e são substituídas por nossas próprias escolhas, desconsiderando tudo o foi aprendido até então.

Como também conseguimos perceber nesse episódio bíblico, Sansão é um dos maiores exemplos de como Satanás não desiste de suas investidas. No caso dele, enxergamos as várias tentativas frustradas de afetar aquilo que Deus havia colocado sobre sua vida, enterrando o dom que o Senhor havia depositado nele. A Bíblia chama nossa atenção para isso, alertando-nos para que guardemos com zelo nossos bens espirituais mais preciosos, e que, assim, ninguém roube nossa coroa (cf. Apocalipse 3.11).

SEM ELE, NADA É POSSÍVEL

Se existe um modo de conservarmos as lições do deserto e estarmos prontos para todos os testes e amadurecimentos que virão é o reconhecimento de nossa fraqueza e a humildade de nosso coração. Sansão, Davi e até mesmo o apóstolo Pedro falharam do mesmo jeito ao apoiarem-se em seu orgulho, e foram corrompidos pelas tentações e enganos. Sem essa mentalidade, é muito fácil tocar naquilo que é impróprio, ceder às vontades da carne ou chegar ao ponto de negar as verdades do Evangelho de Cristo.

Sermos soberbos achando que passar por um deserto nos torna super-heróis que não precisam de ninguém é um erro terrível. Se fosse assim, qual seria o motivo de passarmos por tantas "atualizações" e novos processos? Pensar dessa maneira nos torna ignorantes para a obra que o Senhor tem feito em nós, que implanta em nosso ser o caráter de Cristo:

> [...] até que todos alcancemos a unidade da fé e do conhecimento do Filho de Deus, e cheguemos à maturidade, atingindo a medida da plenitude de Cristo. (Efésios 4.13)

Quando Paulo fala sobre sermos imitadores de Cristo, ele não exclui a possibilidade de erros. Almejar ser mais parecido com Cristo significa que escolhemos a santificação acima de todas as outras coisas. No entanto, ainda somos limitados por um corpo corruptível e uma índole carnal. Dessa maneira, devemos nos comportar com equilíbrio, fazendo menção do que já foi adquirido, sem nos esquecer de nossas imperfeições. Inclusive, alguns outros versículos reforçam essa ideia e são a prova de que, em essência, tudo depende da mão do Senhor:

> Pois o que faço não é o bem que desejo, mas o mal que não quero fazer, esse eu continuo fazendo. (Romanos 7.19)

> Eu sou a videira; vocês são os ramos. Se alguém permanecer em mim e eu nele, esse dá muito fruto; **pois sem mim vocês não podem fazer coisa alguma.** (João 15.5 – grifo do autor)

> Por isso, por amor de Cristo, regozijo-me nas fraquezas, nos insultos, nas necessidades, nas perseguições, nas angústias. **Pois, quando sou fraco é que sou forte**. (2 Coríntios 12.10 – grifo do autor)

É o Senhor quem faz. Nossa função é estar em concordância, dizendo "sim" e "amém" para tudo o que Ele nos instruir. Em consequência, alimentamos os presentes que nos foram dados, sustentando um testemunho vitorioso de liberdade.

Capítulo 12

TESTEMUNHO DE VIDA

Assim brilhe a luz de vocês diante dos homens, para que vejam as suas boas obras e glorifiquem ao Pai de vocês, que está nos céus. (Mateus 5.16)

Para finalizar nossa conversa, creio que podemos refrescar a memória com tudo o que compreendemos um pouco melhor nessa breve jornada. Afinal, passamos do estágio de assimilar a necessidade de nos colocarmos em um local de aprendizado para viver nossa identidade de filhos maduros, que não só vencem os desertos, mas ajudam outros irmãos durante suas próprias caminhadas. Ao longo de cada estágio, uma nova revelação da natureza de Deus nos dava confiança para avançar sem o temor da morte, dos traumas e do poder do pecado.

Nesse sentido, estabelecemos como a cegueira acomete todos em diferentes níveis, seja nos limitando fisicamente, seja colocando dentro de nós barreiras intelectuais e espirituais. Logo, após conhecermos o Evangelho e aceitarmos Jesus como nosso salvador, o passo seguinte é nos tornarmos amigos do avivamento, colaborando para que outros possam enxergar a Verdade.

Essa compreensão acontece antes mesmo que vejamos de fato, pois ser um amigo do avivamento não quer dizer que estamos "prontos", mas que estamos dispostos a passar pelos aprimoramentos do Senhor. Através da atitude de colaboração com Deus para a manifestação do Seu Reino na Terra, demonstramos que uma mudança foi iniciada em nossos corações; e que não nos contentamos em simplesmente guardar essa dádiva para nós, mas desejamos compartilhá-la com todo o mundo.

Por meio dessa decisão, a soberania de Deus entra em campo, sendo parte essencial nesse processo de mudança. A Sua vontade perfeita gera humildade em nossos corações, fazendo com que aceitemos os mais diferentes caminhos pelos quais vamos trilhar para sermos sarados. Com o tempo, a dependência do Senhor toma o lugar da soberba, um sentimento que, aliado ao orgulho, poderia nos impedir de aceitar os Seus métodos.

Situações que, outrora, poderiam ser sinônimo de ofensa, humilhação e dor ganham uma nova conotação. Os traumas do passado e as circunstâncias mais desconfortáveis tornam-se uma poderosa arma nas mãos de Deus, ensinando-nos tudo o que precisamos para avançar. Somos como metais preciosos ou joias brutas que precisam ser moldadas e lapidadas até que revelem seu real valor ao mundo. Para tanto, é crucial que nossa esperança esteja totalmente voltada às promessas do Senhor e à Sua palavra, que permanecem imutáveis.

Apesar de parecer simples, essa é uma atitude que exige confiança sem reservas no controle do Pai sobre todas as coisas. Não podemos nos desesperar quando algo começa a tomar um rumo que confronta a lógica humana, mas devemos profetizar e crer que tudo está alinhado aos propósitos divinos e tem uma razão para acontecer. Essa entrega nos alivia das pressões exteriores, que podem desviar nosso foco do amadurecimento que tem sido gerado. Inclusive, é justamente essa compreensão que faz os desertos e as crises não se estenderem por tanto tempo, já que, dentro de nós, essas questões primordiais foram resolvidas.

Não demorará muito e os primeiros desertos serão superados, e novos desafios surgirão. Nos últimos capítulos, falamos muito sobre a persistência e o que significa realmente crescer em graça e entendimento. Talvez, sem perceber, a tradução do que é enxergar com clareza e fazer um bom uso das ferramentas que o Senhor nos concedeu já esteja posta diante de nós. Em outras palavras, não há como dizer que passamos por tudo isso sem sustentar um testemunho de vida.

AÇÕES FALAM MAIS DO QUE PALAVRAS

Poderíamos ficar falando, por páginas e mais páginas, sobre as mais variadas consequências e marcas do crescimento, porém esse é um aprendizado muito particular e que pode se desenrolar de maneiras diferentes na vida de cada indivíduo. Portanto, para encerrar este assunto, chegamos ao limite do que uma abordagem singela sobre esse tema poderia esclarecer. Agora, cabe a cada um de nós prosseguir conhecendo o Pai e compreendendo como as mudanças em nossas vidas impactam áreas que, muitas vezes, pareciam não ter sido transformadas.

Entretanto, como você bem percebeu, existe um fator que permanece inalterado: a necessidade de testemunharmos com atitudes. Aprender é a base para que possamos, um dia, ensinar. No entanto, se nossas ações não refletem tudo aquilo que pregamos, incorremos num erro terrível. Por outro lado, quando saímos do terreno teórico e fazemos uso daquilo que já estava disponível há muito tempo, os resultados são muito mais que satisfatórios.

Moisés, em uma de suas falas mais importantes, trata com clareza das consequências de viver uma vida pautada pela Lei do Senhor e pelos Seus mandamentos:

> Se vocês obedecerem fielmente ao Senhor, ao seu Deus, e seguirem cuidadosamente todos os seus mandamentos que

> hoje lhes dou, o Senhor, o seu Deus, os colocará muito acima de todas as nações da terra. Todas estas bênçãos virão sobre vocês e os acompanharão, se vocês obedecerem ao Senhor, ao seu Deus. (Deuteronômio 28.1-2)

Durante todo o texto, Moisés exemplifica como a obediência por meio de um testemunho leva a um único produto: as bênçãos. Naquela época, os hebreus eram ensinados diariamente a respeito da obediência e cuidado do Senhor. Contudo, quando a Lei chegou, esse aprendizado foi elevado, confrontando comportamentos estabelecidos no meio do povo e fazendo com que eles se enquadrassem em um padrão de santidade. Em contrapartida, Moisés repetia, incansavelmente, como esse esforço poderia trazer ainda mais prosperidade para as suas vidas.

O patriarca é muito claro em sua colocação, dizendo que as bênçãos nos **acompanharão**. Em outras palavras, não seremos nós a ir atrás delas, mas serão elas que nos seguirão por onde quer que andemos. O favor do Senhor na vida de um cristão não é uma exceção ou acidente de percurso, mas algo natural a quem decide viver em concordância com a Sua vontade. Ser abençoado é um sinal de alinhamento com Deus.

A esta altura, não preciso reforçar que a vida não será feita apenas de momentos felizes e coloridos, porém, as dádivas e oportunidades oferecidas pelo Senhor estarão sempre lá para nos lembrar de Sua bondade. Foi assim na vida de todos os servos de Deus ao longo dos séculos. Ainda que houvesse perseguições, dificuldades e rejeições, a Sua mão, que sempre estava estendida, era, é e sempre será um incentivo para que avencemos uma milha a mais.

Além disso, as bênçãos cumprem o papel de complementar nosso testemunho de vida. Nosso histórico e os frutos que geramos são elementos que falam por si só, e não precisam de argumentos para serem justificados. Quando pessoas que não conhecem o Evangelho veem em nossas vidas um padrão que segue o que pregamos, nossa missão foi cumprida com êxito. Ainda que tentem rebater nossas palavras com dados científicos ou relativizações, como diz o ditado, "uma foto fala mais que mil palavras". O simples fato de sermos abençoados prova como as Boas Novas são verdadeiras e não precisam ser exaustivamente defendidas.

Se você se enfurece quando vê a mensagem de Jesus ser envergonhada por comportamentos errados de algumas pessoas, ou por discursos que desmoralizam a fé em Cristo, não se preocupe. Em casos assim, viver de modo condizente com o que diz a Bíblia é a melhor forma de rebater qualquer crítica. Existem, sim, momentos em que o debate é necessário, mas quando não existem holofotes e somos observados pelos olhos do mundo, apenas um testemunho de vida irrepreensível é a resposta adequada.

HAJA LUZ!

Esse comportamento aponta diretamente para os princípios do Reino e para o poder de influência que foi conferido a cada um de nós. Não só a história de Israel e seus profetas, mas todos os Evangelhos e ações dos apóstolos nos indicam o potencial que reside naqueles que são escolhidos pelo Altíssimo. Quando penso nesse assunto, é impossível não recordar as palavras de Jesus, no livro de Mateus:

> Vocês são a luz do mundo. Não se pode esconder uma cidade construída sobre um monte. E, também, ninguém acende uma candeia e a coloca debaixo de uma vasilha. Pelo contrário, coloca-a no lugar apropriado, e assim ilumina a todos os que estão na casa. Assim brilhe a luz de vocês diante dos homens, para que vejam as suas boas obras e glorifiquem ao Pai de vocês, que está nos céus. (Mateus 5.14-16)

Ser abençoado e posicionado como filho de Deus significa chamar atenção independentemente do lugar onde estamos. Mesmo em grupos de crianças, vemos que aquelas que não têm medo de expor suas opiniões, sabem o que querem e compreendem sua personalidade sempre se destacam. Ainda que, nesse caso, observemos um comportamento involuntário, a tendência é que essa métrica se aplique em vários outros momentos da vida.

Pessoas que são bem resolvidas consigo mesmas sempre serão modelos e objetos de desejo e admiração para outras. É comum que indivíduos relevantes ditem a moda, os estilos musicais e até a forma de falar e comer. Ao iniciar um novo projeto ou negócio, por exemplo, espelhar-se em *cases* de sucesso pode gerar um bom referencial e inspirações adequadas.

Ao dizer essas palavras, Jesus tinha consciência disso. Ele sabia que, a partir do instante em que Seus discípulos compreendessem sua identidade em Deus, nada poderia detê-los. Sendo mais claro, o lugar do cristão sempre estará associado ao protagonismo. Ainda que, aparentemente, não sejamos vistos, a capacidade que está em nós para criar e inspirar extrapola qualquer nível de percepção.

Um dos episódios mais marcantes de toda a Bíblia, narrado na transição entre os Evangelhos e o livro de Atos, conta sobre a terrível perseguição, após a subida de Jesus aos Céus, que recaiu sobre os primeiros cristãos. Com o derramar do Espírito Santo, a manifestação de milagres e dons e as diversas pregações arrebatadoras que atraíam multidões, era impossível que os discípulos não fossem notados. Mais uma vez, Deus utiliza o resultado da opressão como ferramenta para a ascensão de mártires, como Estêvão, e para a conversão de importantes personagens, como foi o caso do apóstolo Paulo.

Dessa forma, ainda que o nosso desejo seja passar despercebido em algumas situações, isso será muito improvável. Carregamos dentro de nós uma luz, uma chama que não pode ser controlada, apagada ou escondida. Pelo contrário, a ordem de Jesus é que busquemos os lugares altos, onde essa luz será como um farol, guiando os cegos ao Reino de Deus.

Quando isso acontece, toda a timidez e todo o medo do que está lá fora cai por terra. Na verdade, um cristão consciente intimida o adversário, pois essa pessoa entendeu, de uma vez por todas, quem ela é e Quem habita em seu coração. Infelizmente, muitos se sentem desconfortáveis ao serem confrontados com essas verdades. No entanto, eu e você não devemos nos sentir julgados ou pesados com essas afirmações. Se um incômodo nasceu em nosso interior, é porque a obra do Espírito Santo já tem avançado em nossas vidas, e essa mentalidade bem resolvida começou a tomar o seu lugar de direito. Se pensar nisso faz você se sentir diferente, não recue. Existe algo poderoso sendo gerado e, em pouco tempo, você não poderá mais esconder essa nova natureza.

O que Jesus revela, e que é comprovado em diversos exemplos ao longo da História, é que somos Suas testemunhas em todo lugar. O espaço físico de um prédio não pode conter esse poder extraordinário. Na realidade, essa verdade nos liberta de um comportamento religioso. Um testemunho tão pulsante não conversa com uma vida restrita a momentos de adoração em um culto, ou com o que fazemos nos bastidores de um grande evento evangelístico. Quanto mais tornamos essas palavras em atitudes sinceras, mais nos aproximamos do real sentido da mensagem de Cristo.

No instante em que nossos pastores ou líderes não estão próximos de nós é que o verdadeiro teste começa, provando nossa fé. O mundo em que vivemos ainda se encontra caído e entregue às paixões pecaminosas, sendo afligidos por mazelas e doenças. Do outro lado, encontra-se a Igreja, os agentes do Reino que têm a responsabilidade de confrontar esse sistema corrupto, pregando o Evangelho verdadeiro através de curas e demonstrações do amor e do poder de Deus.

Falar certas expressões e defender algumas ideias em meios em que somos aceitos é muito fácil. Mas qual é a diferença que uma lâmpada acesa faz em um ambiente iluminado? Não se esqueça: fomos chamados para fora, e não existe outra opção.

Agora, se o seu chamado específico está relacionado à esfera da Igreja, não há problema. No entanto, sua vida não está restrita ao tempo em que você passa servindo o Corpo de Cristo ou auxiliando dentro de quatro paredes. Mesmo que ainda não tenha descoberto seu lugar de posicionamento, você já faz parte da família de Deus. Sendo assim, não existem mais desculpas: você é a própria Igreja, a morada do Altíssimo e o templo do Espírito Santo.

Os meus e os seus passos estão marcados com o DNA divino. O sangue vertido na cruz do Calvário corre em nossas veias, e é mais poderoso do que qualquer outra substância da Terra. Se você não se sente preparado para ser uma testemunha dessas maravilhas, lembre-se de todo o caminho trilhado para chegar até aqui.

CORRENDO EM DIREÇÃO AO ALVO

Nesse sentido, devemos encarar nossas atitudes como um reflexo daquilo que carregamos. Portanto, fica aqui um alerta dado pelo autor de Hebreus:

> Portanto, também nós, uma vez que estamos rodeados por tão grande nuvem de testemunhas, livremo-nos de tudo o que nos atrapalha e do pecado que nos envolve, e corramos com perseverança a corrida que nos é proposta. (Hebreus 12.1)

Esse texto fala que, como testemunhas de Jesus, somos como participantes de uma corrida. Sempre que assistimos a alguma maratona pela televisão ou acompanhamos uma competição esportiva, vemos atletas de diversas localidades sem nenhum filtro. Diante dos nossos olhos, qualquer erro, lesão ou desgaste fica aparente, e não pode ser negado. Na mesma intensidade, temos a chance de contemplar seres humanos no auge de sua forma física com belos exemplos de determinação e desempenho fora do comum. Nesse caso, as testemunhas somos nós.

Como atletas de Cristo, nossa missão não é apenas a de completarmos a corrida, antes, é a de executarmos toda a prova com excelência. Quando agimos assim, honramos não só a confiança depositada por Deus sobre nós, como também valorizamos os esforços de todos os que contribuíram para que chegássemos até lá. Fora isso, a chance de honrar o legado do Evangelho [nossas testemunhas] e chamar a atenção de pessoas que não tinham a menor ideia do que é viver em paz é a melhor recompensa que podemos alcançar.

Se fosse possível sintetizar todos esses ideais em uma única frase, eu diria que a melhor forma de pregarmos o Evangelho e abrirmos os olhos dos cegos é vivendo. Refiro-me a não apenas respirar ou passar pela experiência da vida de uma forma displicente e descompromissada, mas a estar engajados, de coração, na obra do Reino dos Céus.

Para isso, a revelação da graça de Deus, o amadurecimento do deserto e a clareza em nossa visão devem ser meros indicativos do plano maior que é desenrolado pelo Altíssimo. No fim das contas, Ele quer nos fazer entender que há uma existência que precisa ser contemplada e aproveitada em todas as suas nuances, e não pautada por prazeres momentâneos ou pela sustentação de uma bela imagem – pois a vida é a chance dada pelo Criador para que apliquemos tudo o que Ele nos ensinou.

Com isso, várias preocupações devem ser esquecidas, porque o propósito maior ofusca tudo aquilo que tem menos importância. Quando nos encontramos nesse impasse, pensando em como nos comportar, qual a palavra certa a dizer ou a melhor decisão a ser tomada, devemos aquietar nossos corações e descansar nas palavras de Jesus:

> Portanto eu lhes digo: não se preocupem com suas próprias vidas, quanto ao que comer ou beber; nem com seus próprios corpos, quanto ao que vestir. Não é a vida mais importante do que a comida, e o corpo mais importante do que a roupa? Observem as aves do céu: não semeiam nem colhem nem armazenam em celeiros; contudo, o Pai celestial as alimenta. Não têm vocês muito mais valor do que elas? Quem de vocês, por mais que se preocupe, pode acrescentar uma hora que seja à sua vida? Por que vocês se preocupam com roupas? Vejam como crescem os lírios do campo. Eles não trabalham nem tecem. Contudo, eu lhes digo que nem Salomão, em todo o seu esplendor, vestiu-se como um deles. Se Deus veste assim a erva do campo, que hoje existe e amanhã é lançada ao fogo, não vestirá muito mais a vocês, homens de pequena fé? Portanto, não se preocupem, dizendo: "Que vamos comer?" ou "que vamos beber?" ou "que vamos vestir?". Pois os pagãos é que correm atrás dessas coisas; mas o Pai celestial sabe que vocês precisam delas. Busquem, pois, em primeiro lugar o Reino de Deus e a sua justiça, e todas essas coisas lhes serão acrescentadas. Portanto, não se preocupem com o amanhã, pois o amanhã se preocupará consigo mesmo. Basta a cada dia o seu próprio mal. (Mateus 6.25-34)

Além disso, em 1 Reis 4, temos a descrição do reino de Salomão e de todas as suas conquistas. A partir do versículo 20 até o final do capítulo, ficamos surpresos com tamanha riqueza e sabedoria que estavam nas mãos de um único homem. Comparativamente, nenhum outro reinado superou a glória desse filho de Davi, responsável pela construção do templo idealizado por seu pai e por dar conselhos a grandes líderes da época. No entanto, ao se referir ao cuidado de Deus com cada um dos Seus, Jesus não hesita em dizer que os lírios do campo se vestiam com muito mais magnificência do que Salomão, mesmo que fossem consumidos pelo fogo em pouco tempo.

Se por um lado essas palavras demonstram como o *status* é mais um fator irrelevante para Deus, por outro a Sua mão protetora e abençoadora supera os padrões mais elevados de prosperidade e sustento. Servimos a um Deus que se preocupa conosco, desde o momento em que levantamos de nossas camas até a hora em que retornamos para lá. Quando realmente entendermos que Ele nos acompanha em todo tempo, nosso medo de testemunharmos o Seu amor será lançado no mar do esquecimento.

Imagine que cada pessoa que abordamos, cada projeto que encabeçamos e cada oportunidade que temos para brilhar neste mundo são amparados pelo mesmo Deus que criou tudo isso. Diante disso, meu conselho final, como alguém que já passou por algumas experiências interessantes, é que você seja um amigo do avivamento, um filho do Pai celestial, mas, acima de tudo, uma página em branco disposta a ser escrita pelo Senhor todos os dias, e lida por todos os habitantes da Terra como um exemplar genuíno do Evangelho que dá vista aos cegos! Amplie sua visão e veja desertos infrutíferos se transformarem em oásis abundantes de Água Viva!

Este livro foi produzido em Adobe Garamond Pro 12 e
impresso pela Gráfica Promove sobre papel Pólen Soft 70g
para a Editora Quatro Ventos em agosto de 2020.